「赤ちゃん縁組」で虐待死をなくす

愛知方式がつないだ命

矢満田篤二　萬屋育子

光文社新書

故・菊田昇医師、そして熊本でご活躍中の蓮田太二医師に捧ぐ

はじめに

乳児院の玄関先に、大人が訪ねてくると、ワーッと子どもたちが集まってくる。

「だれのパパ?」

「だれのママ?」

「だれに会いにきたの?」

児童養護施設では、実の親が引き取りにきたり、里子《さとご》として迎えられることになったりした子どもの傍《かたわ》らで、「ボクもパパとママが欲しい」と泣いている子がいる。

日本の片隅《かたすみ》の人目につかない場所では、臍《へそ》の緒がついたまま、置き去りにされる赤ちゃんがいる。たびたびニュースで報じられても、誰も驚かない。

一方、今や10組に1組の夫婦が、不妊に悩んでいる。その中には、「やはり血縁のある我が子を望む」という人もいるが、他方で「血がつながっていなくてもいいから、子育てがしたい。子どもと一緒に暮らしたい。できれば、赤ちゃんのときから育てたい」と願っている大人たちがいる。

こう願う夫婦の中に、さらに「性別も問いません。病気や障がいの可能性があっても、親となる気持ちは変わりません」との条件を受け入れ、育ての親になる覚悟をされている方々がいる。

そんな夫婦のところにある日、縁あって、産みの親が育てることができない赤ちゃんが、まるでこうのとりに運ばれるように、やってきた。

夫婦は、赤ちゃんを一目見た瞬間、

「やっと会えた」

「私たちは、この子を待っていた」と、感激の涙を流す――。

これが、「愛知方式」と呼ばれる赤ちゃん縁組の光景である。

愛知県の児童相談所では、三十余年の間、このように173組の親子を結びつけ、出会いの瞬間を祝福し、親子を見守り続けてきた。

これは、ある児童相談所の職員が、その職務の中で果たしてきた行為である。

本書は、その二人の公務員がなぜこうしたことを始めたのか、どのような取り組みが行なわれてきたのかということを、資料と記述、語りによって編んだ記録と提言の書である。

この姿が、日本のこれからの社会的養護を方向づける一助となることを願う。

「赤ちゃん縁組」で虐待死をなくす

——目次

はじめに　4

プロローグ　涙から笑顔へ――

赤ちゃん縁組のある風景　矢満田篤二……15

エピソード①――私はコウノトリになれた／誰にも相談できず――自殺も考えた／「親になってくれませんか」という電話／母体とお腹の赤ちゃんの安定が最優先／出産まではベテランの里親さん宅に滞在／「産んでくれて、ありがとう」――臍の緒を切る手が涙でかすむ／コウノトリさんからの手紙／エピソード②――やっと会えたね。ずっと一緒にいようね／産みの親の表情の変化／大切に保管される手紙と写真／弟は「こうのとりのゆりかご」が運んでくれた／親になれた幸せ――二人の子を迎えて／特別養子縁組は「三方良し」の制度／一人でも多くの子に「親」との出会いを

第1章　「特別養子縁組」とは何か？　矢満田篤二…… 47

「子の利益のため」の制度／社会的養護の2つの方法――「施設養護」と「家庭養護」／里親制度の中に「養子縁組を希望する里親」がある／家庭養護は「パーマネンシー・ケア」を重視すべき／世界は「家庭養護」へシフトしている／ある医師の思いと行動から始まった／菊田昇医師が世に投げかけたこと／産まれてすぐ「施設送り」――それでいいのか？／民間の力で続いてきた縁組／国からの支援はなし――寄付に頼らざるを得ない民間団体／「赤ちゃん縁組」の流れ――ある女子中学生の出産／産みの女性が抱えるさまざまな事情／虐待死の多くは0歳0カ月0日の赤ちゃん／匿名での相談の大切さ――それで守れる命がある／出自と命と、どちらが大事か／産みの親も、育ての親も幸せにする／気持ちに区切りをつけて――産みの親も再出発できる／養子に対する日本人の考え方の変遷／不妊治療で加速する血縁へのこだわり／児童相談所は第1ボタンのかけ違いをしている

第2章　なぜ私は「赤ちゃん縁組」を始めたのか……………………95
やりきれない戦時中の記憶から――児童福祉の「職人」を目指す／日本酒が嫌いになった理由／小学5年生で学徒動員に駆り出され／幼い子どもから次々と死んでいく／同級生の母親が子どもの目の前で……／戦争がもたらしたもの――戦後の日本の実態とは／引揚船の中で5歳の弟を水葬／日本に帰り着いて芽生え始めた「願い」／私設の子ども図書館の開設――子どもとの交流のはじまり／コロニーで目の当たりにした福祉の実態／24時間緊張の連続で体重は9キロ減／施設の子どもの中に見た、小さく弱い戦災孤児の面影／「子どもはモノではない！」――電話1本での処遇に感じた思い／家庭養護促進協会で養子縁組を学ぶ／「三悪人のひとり」と呼ばれてでも／児童福祉司として奔走する／家族の病理をうつしだす子どもたち／赤ちゃん縁組の実績を重ねていく／児童相談所の連携を阻む壁

第3章　反応性愛着障害――子どもが必死に訴える姿……………………141
里親委託の経過から見えてきたもの／1【赤ちゃん縁組型】／2【施設育て直し型】／2‐A〈育て直し：里親委託型〉／2‐B〈育て直し：養子縁組型〉／悲惨な里親委託――解除した事例／「試し行動」という試練を経て親子になる／育ての親と似てくる子どもたち／施設で愛着障害が生じてしまう理由／【抑制型】鈴なりの子どもの後方で／【脱抑制型】施設での性的虐待の裏側に／施設養育では「自分で決める力」が育たない／「施設もいいところがある」という反論／ドラマの波紋――児童養護施設に居た子どもの声をどう聞くか／乳児院から児童養護施設へ移る辛さ／施設養護への偏りは社会的ネグレクト／施設は最終的手段であるべき／パーマネンシーがいかに大切にされているか――アメリカ／なぜ施設養護が主流になってしまったのか／厚生労働省からの通知――「家庭養護」に舵取り／乳児院などの施設も一定数は必要

第4章　「愛知方式」とは——子どものための縁組……189

性別、病気や障がいの有無は一切不問／縁組希望者のうち、最終的に残る候補者はわずか／年齢制限を理不尽に思う方に／精神的「つわり期間」を経て／真実告知をしなければならない理由／産みの親の写真と手紙を残しておく／産みの女性と子どもとの関係／産んでくれた人との関係も心に／告知をしなかったことで起きた苦労／妊娠中からの相談対応が大切な理由／養親さんにお願いするいくつかのこと／生後3カ月が大切——「施設に入れっぱなし」の誤り／出生後の不快感を取り除いてくれた人／愛着障害の症状とは／「養子縁組あっせん法案」の問題とは／愛知方式は、現行法、現行制度の中で充分できる／愛知方式を広めた、特筆すべき人

第5章　「赤ちゃん縁組」との出会い　萬屋育子……229
矢満田さんとの出会い／マイナーな存在だった児童相談所／再び児童相談所へ／児童相談所は何をしてきたか／矢満田さんとともに赤ちゃん縁組に取り組む／「自分で育てたい」から安心、とは言えない／関心をひくために子どもを傷つけていた／止まらない自傷行為――愛着障害の症状に、里親も戸惑う／施設に放置することが「親の権利」か／児童相談所にとっては「社会的養護＝施設養育」／問題行動が大きくなる前に手を打つ／「子どもを乳児院に」の連鎖を止めたい／生後3カ月を無駄にしてはいけない

第6章　「赤ちゃん縁組」を広げるために……263
虐待と児童相談所――激動の時代／里親制度が動き始めた――マニュアルをまとめる／「里親サロン」大いに盛り上がる／アフターケアの場としても、

里親サロンは有効です／参加者、感動の「委託式」／「赤ちゃん縁組」は仕事へのエネルギー源／いつでもどこでも里親／みんながやりたがる里親の仕事／赤ちゃん縁組・里親委託を進めるために／「社会的養護」と「代替養育」「特別養子縁組」／「親」という存在がなぜ必要か／厚生労働省も推奨する「赤ちゃん縁組」が、なぜ広まらないのか／全国の児童相談所で、最初の一歩を踏み出してほしい／「子ども虐待防止世界会議　名古屋　２０１４」にて／ガイドラインに載った愛知方式――これからへの一歩に／赤ちゃん縁組、今後の課題

あとがき　矢満田篤二　302
巻末資料　愛知県分　新生児（養子縁組型）里親委託・年度別集計表　304
「赤ちゃん縁組」が問いかけるもの　ＮＨＫ名古屋放送局　報道番組ディレクター　野林亮　306
「赤ちゃん縁組」を全国へ　ＮＨＫ国際放送局　Ｗｏｒｌｄ　Ｎｅｗｓ部　記者　山本恵子　313

構成・林口ユキ／図版作成・デマンド

プロローグ

涙から笑顔へ——赤ちゃん縁組のある風景

矢満田篤二

エピソード①――私はコウノトリになれた

「お腹が痛い。陣痛かな」

秋も深まった日の夕方、石井真美さんは滞在先の里親・横山悦子さんに訴えました。高校2年生の彼女が、横山さん宅にホームステイを始めて2週間になります。出産予定日までまだ5日。でも、悦子さんは大事をとって、真美さんを車に乗せて愛知県内にある浜田産院へ急ぎました。

「4〜5時間後には出産になりそうですね。入院してください。中川さんの奥さんに、すぐに連絡してあげたらどうですか」

浜田院長は、診察後にこう言いました。

「まあ、たいへん」

悦子さんは、すぐに公衆電話に向かい、中川さん宅のダイヤルを回しました。しかし、耳に入ってきたのは、留守番電話の音声テープ。

「中川さん、大至急、産院へ来てちょうだい。赤ちゃんが今日産まれそうよ」

早く外出から帰ってきて、と祈りながらメッセージを入れました。

続けて、真美さんの実家へ電話を入れ、受話器をとったお母さんに現状を伝えました。真美さんの実家は県外にあって遠方のため、「今夜中には行けないので、明朝、一番に出発します。それまで娘をどうぞよろしくお願いします」と、涙声の返事がありました。

約2時間後、中川孝子さんが緊張した表情で産院に到着しました。

「真美さん、良かった。赤ちゃんのお母さんが来たよ」

と悦子さん。

「ごめんね、遅くなって。私がずっとついていてあげるから、安心してね」

と孝子さん。

孝子さんは、真美さんが出産したあと、赤ちゃんの育ての親になる人です。

誰にも相談できず――自殺も考えた

たった1回の暴力で、予期しない妊娠に至った真美さんは、両親にも打ち明けられずに一人苦しみ続け、自殺をはかるつもりで遺書まで書いていました。ひそかに祖父母宅を訪問したり、いつになく涙を流したり、という普段とは違った真美さんの様子を不審に思った母親が、真美さんから話を聞き、自殺を阻止《そし》することができたのです。

しかしそのときすでに、真美さんは妊娠7カ月を過ぎていました。

全国紙の『朝日新聞』が、愛知県における新生児里親委託例の学会報告を報じたのは、その数日後。偶然目にしたその新聞記事に記されていた、児童相談所の電話番号を頼りに、母親の朗子さんは児童福祉司の私・矢満田篤二の勤務先へ、必死の思いで電話相談を寄せました。

「産まれてくる赤ちゃんを幸せに育ててくれる方はいないでしょうか。ぜひ紹介してください。被害者である高校生の娘に、とても子どもなど育てさせられません。どうか事情を理解してください……」

恵まれた環境で、幸せに成長してきた娘とその家族に、突然、襲《おそ》いかかってきた災難です。わが子を思う気持ちがひしひしと伝わってくる、重い内容でした。

「親になってくれませんか」という電話

中川孝子さんは、33歳。夫の武志さんは35歳。結婚してほぼ10年になります。

孝子さんは不妊治療の相談先の医師から、妊娠・出産は不可能と診断されたとき、目の前が真っ暗になったといいます。

しかし、その事実を受け入れたうえで、次に行動を起こしました。地元の『中日新聞』の記事によって、児童相談所の児童福祉司である私が養親《ようしん》（養子の親になる方をこう呼びます）さんたちの自主交流会グループの活動を支援していることを知り、入会なさったのです。

中川さんご夫妻のお住まいは、私が勤務する児童相談所の所管区域ではなく、少し離れた大都市にありました。妊婦さんである真美さんの実家も県外です。したがって、児童福祉法に基づく措置の里親委託ではなく、「養子縁組あっせん」として対応する他ないケースでありました。

私から「数週間後に産まれる赤ちゃんの親になってくれませんか」という電話が入ったとき、孝子さんには夢のようで、すぐには信じられなかったそうです。

「きっと主人も喜ぶと思います。明日、正式に返事をしますが、ぜひ私たちに赤ちゃんを授けてください」

しかし、当時の児童相談所は、緊急対応が必要なケースが増加していて、相談予約をキャンセルしてもらわなければならないようなこともしばしば。昼間に落ち着いて電話で話せるようなところではありませんでした。ですから、それから数日にわたって、私は毎晩10時すぎの時間帯に、自宅の電話から石井家、中川家の方々に電話をかけて、打ち合わせを行ないました。

母体とお腹の赤ちゃんの安定が最優先

未成年といえども、一番肝心な当事者である妊婦・真美さんの意思確認も欠かせません。そしてさらに、最優先に配慮すべきことは、胎児の安定をはかることです。福祉的援助をもっとも必要としている弱者は、言うまでもなくお腹の赤ちゃんですから、母体に安心感を与えるケースワークを最大限に工夫しなければなりません。

私は、妊婦である真美さん自身も「数週間後に産まれてくる赤ちゃんを養子にお願いしたい」と望んでいることを電話で直接確認したあと、真美さんに次のように伝えました。

「予期せぬ妊娠は大変だったけれど、赤ちゃんをぜひ授けてほしいと願っている中川さん夫婦のために、コウノトリの役をしてあげるのだと考えよう。養子縁組というのは、とてもおめでたい幸せをつくること。産んだ子を手放すのは悪いことだという暗い罪の意識は捨てて、明るい気持ちに切り替えようね。そこで、できれば、産まれた赤ちゃんの名前は、中川さん夫婦に付けてもらって、届けを出すことにしてはどうかな」

電話のときの応答は、小声で言葉少なではありましたが、電話が終わったあと、真美さんはお母さんに、「私うれしい。子どものない人へ、幸せを運んであげるコウノトリになれるんだって。名前も考えてくれるって」と、泣いて喜んでくれたということを、あとで母親が電話で知らせてくれました。

出産まではベテランの里親さん宅に滞在

この時点で、真美さんはまだ母子手帳も作っておらず、産科の初診のために、人目を避けて、車で1時間以上かかる遠方の都市の産院へ連れて行っただけの状態でした。聞けば、この数週間、不登校状態で完全に家の中に閉じこもっており、極度に他人の目をおそれていたとのこと。狭い地域なので、保健センターや市役所に行けば、知人に会うかもしれないことをおそれていたのです。

そこで私は、育児に定評のある当地のベテラン里親さん宅に真美さんの住民票を移して、真美さんをそこに一時寄留させ、高校には、「(本人の慢性疾患である) アトピー治療のために入院します」と、届けを出して休ませてから、愛知県で母子手帳の交付を受ける方策を立ててみました。そうすれば、自宅からは離れているため、人目を気にせず外出ができますし、産院も、児童相談所と連携した実績がある近くの浜田産院を選ぶことができます。

真美さんの自立、成長にもつながるだろうから、と母親へ勧めたところ、「今まで大事に育てすぎました。友人たちも真面目な子ばかりで、中絶の知恵を誰も持っていなかった。本人さえ承知したらお願いしたい」というお返事でした。

一方、相談したベテラン里親の横山さん宅からは、突然の依頼にびっくりしつつも、「私たちの家でよければ」という引き受けの回答を得ました。

その週末、空路、真美さんの母親の朗子さんと夫の智弘さんが当地へ来て、さらに生まれる子の養親になる中川夫妻が空港に出迎えました。中川さん宅、横山さん宅、そして浜田産院、を中川武志さんが運転する車で訪問してまわり、母親の朗子さんは「安心しました。ぜひ娘をよろしくお願いします」と丁重にあいさつして戻っていかれました。

2週間後の秋冷えがする日曜日、母親が付き添い、真美さんは薄いクリーム色のコートに身体《からだ》を包み、新幹線のグリーン車から降りてきました。前回と同じく、養親になる中川夫妻と私が出迎え、真美さんのホームステイ先となる横山さん宅に向かいました。

翌日の産院受診から、中川孝子さんが横山里親宅と浜田産院の往復送迎を引き受け、産院での出産準備の指導を真美さんと一緒に受け始めました。両親学級にも、33歳の孝子さんと17歳の真美さんの二人が出席。必然的に孝子さんは、真美さんとそのお腹の赤ちゃん二人の母親役を務めながら、この出産の日を迎えたのでした。

「産んでくれて、ありがとう」――臍の緒を切る手が涙でかすむ

入院から4時間が過ぎ、真美さんは分娩室へ。孝子さんと横山悦子さんも、付き添って一緒に入りました。そして無事、元気な女の子が産まれました。

浜田医師は真美さんにはさみを渡し、「臍の緒を切ってごらん」とすすめましたが、真美さんはそのはさみを、そばにいる孝子さんへ渡して、切る役を譲《ゆず》りました。

「真美さん、ありがとうね。本当にありがとう」と孝子さんは感動で目を潤《うる》ませてはさみをにぎりました。「私たち夫婦に、こんなにかわいい赤ちゃんを産んでくれて、ありがとう」という気持ちで胸が詰まり、そのあとは言葉にならなかったといいます。

浜田産院は、すべて個室になっており、その中でもっとも広い部屋が用意されていました。その日から、孝子さんも真美さんの部屋に一緒に「入院」しました。母乳を与えることだけが真美さんの役目。それ以外の育児介助は、すべて孝子さんが行ないます。

赤ちゃんは、中川夫婦により「サユリ」と命名されました。

孝子さんが部屋を離れている間に赤ちゃんが泣きだしたとき、真美さんが思わず「サユリちゃんのお母さん、早く来て」と呼んだこともあったそうです。

産後の経過は順調で、1週間で退院となりました。真美さんと迎えに来た母親の朗子さんの二人は、里親の横山さん宅に一晩泊まって、翌日、空路で帰ることにしていました。同じ車で、孝子さんもサユリちゃんを抱いて横山さん宅に入りました。

横山さん宅には、4年前から、7歳と5歳の姉妹の里子がおり、さらに1週間前から、短期委託里子として2歳の女の子も来ていました。どの子も産まれたばかりの赤ちゃんを見るのは初めてのことで、家の中は興奮状態です。

「真美お姉ちゃんの赤ちゃん?」

「ちがうよ。中川おばちゃんの赤ちゃんだよ」

「中川おばちゃんが産んだの?」

「ちがうよ。お姉ちゃんが産んだんだよ」

「ふーん」「わかった?」「わかんない」

そんな先輩里子ちゃんと新米ホームステイお姉ちゃんの禅問答に、大人たちはクスクス笑い。夜には仕事場から新米パパの武志さんと私も駆《か》けつけました。食卓には、横山夫人のお母さんも手伝って朝から作ってくださったお赤飯をはじめ、お祝いの品々がいっぱいに並べられました。ビールが注がれ、にぎやかに話が弾むと、ベッドに寝かせていたサユリちゃんも元気に泣き声をあげました。

孝子さんがそんなサユリちゃんを抱き上げて座のなかに入ると泣き止む、といったことが数回あり、「もうこの子は抱《だ》き癖《ぐせ》がついちゃって」と言う孝子さんの弁解に、一同大爆笑。ニコニコ顔でそんな様子を見ている真美さんの表情と、その笑顔にそっと目を向けて安心している母親の朗子さんの横顔を見て、私も安堵《あんど》いたしました。

コウノトリさんからの手紙

矢満田先生へ

私が生きてきたこの17年間、こんなに辛くて苦しい時期はなかったけど、こんなに自分自身が成長した時期もなかったと思います。はじまりは、涙でした。でも矢満田先生との出会いがあり、いろんな人たちとの協力を得て、笑顔で終わることができました。新聞に先生の記事が出なかったら、そして、私の父と母が行動を起こしてくれなかったら、昔のようには、笑えずにいたと思います。(中略)

私が他人に幸せを与えることができたのです。サユリちゃんに関して、少しの心配も、持っていません。あんなにいいお父さんとお母さんにめぐりあうことができたんですから。ぜったい幸せになるでしょう。私も幸せ者です。とってもいい人たちにめぐりあえ、言葉にできないくらいの親切を受けました。

父が「親戚以上の人がいっぱいできたね」と言っていました。まったくその通りです。私にとっても、サユリちゃんにとっても、いい結末をむかえることができたのは、父と母の努力、先生や横山さん、中川さんの協力があったおかげです。

私はどんな人に対しても、親切な心を持って接していこう、後ろを振り返らず前を向いて生きていこうというプラスの気持ちを持つことができました。私は、今まで将来こうなりたいという思いをあまり、持ったことがありませんでした。

でも今、私は大きな夢を持っています。一生懸命勉強して、福祉の大学に進み、先生のような仕事をしたいということです。

先生がおっしゃっていた「人の幸せに少しでも協力ができるのはうれしいことだ」という言葉に、私は「わあ、本当にステキなことだなあ」と共感しました。（中略）

今度、先生と会うときは少しでも成長している私を見てほしいと思います。2週間のホームステイも私にとって貴重な経験になりました。親ばなれも前よりできたかなと思います。（中略）本当にありがとうございました。

その後、真美さんは勉強に励み、抜群の試験成績をおさめたため、長期「病欠」にもかかわらず、高校の進級審査にパスしたとの連絡がありました。この経験から、将来の目標を自分なりに見定めて、スタートしていったのです。

このケースで「特別養子縁組申立」の審理を担当した家事審判官（裁判官）は、「こういう審判は、実親も赤ちゃんも養親もみな幸せになれることなので、やり甲斐《がい》がある」と、調査官に語ったと聞いています（※このストーリーは、『児童研究』（日本児童学会　平成6年6月30日発行）に事例研究として紹介したもので、私以外の方のお名前は仮名です）。

＊　　＊

エピソード②——やっと会えたね。ずっと一緒にいようね

「明日あたりに産まれそうです。愛知県内の産院に来ることはできますか」

２００９年３月の夜、私は福井県にお住まいの森﨑さん（実名）のご自宅に電話を入れました。夫の千春さん35歳、妻の麻紀さんは32歳。私が福井県から依頼されて出講した里親研修会でお会いしたご夫妻です。

それ以前から、養子縁組希望の里親として福井県で登録をしていた森﨑さんですが、研修会で私は二人を、有望な里親候補として注目したのでした。その後、森﨑さんご夫妻は、愛知方式（後で詳しく述べます）の赤ちゃん縁組希望者に求めている「誓約書」にもサインを済ませていました。

この誓約書には、「子の性別は問わない」「障がいの有無で引き取りを左右しない」「審判成立以前に、産みの親が子どもを引き取りたいと申し出た場合は、辛くても育てた子をお返しする」などの厳しい９つの条件が記されています。中には、「同じ立場の親子のために、積極的に体験を伝える」というような条項もあり、それはすなわち、マスコミの取材にも対応していただくという意味だということを説明会でもお話ししています。

このような条件についてお話ししますと、参加されている方々は、たとえば30組ぐらいの

ご夫婦がいたとすると、大半は「そこまではできない」ということで辞退され、1組か2組しか残らないということがほとんどです。そうした中、最後まで残ってくれたのが、森崎さん夫妻でした。

産みの親の表情の変化

その5カ月前の2008年10月、私の自宅に、予期しない妊娠をした未婚の若い女性から、「産まれてくる赤ちゃんを養子に出したい」という相談の電話が入りました。

暴力的な行為によって妊娠に至ってしまった彼女は、虐待防止活動をしている弁護士から私を紹介されたそうです。社会福祉士登録者の私は、福祉に関する相談に応じることを法で定められていますから、名指しされれば、相談に応じています。

私はまず、その妊娠中の未婚女性に事情をうかがってから、彼女と森崎さんご夫妻をお引き合わせしました。

そのときの、女性の表情が忘れられません。

それまでは、予期しない妊娠で困惑しきっていました。彼女は、中絶が可能な21週を過ぎても、親族にも話せないまま。お住まいは愛知県ではありませんが、その地区の児童相談所では対応してもらえず、愛知県まで相談に来られたのです。こうした渦中にあった彼女は、本当に顔色が悪く、暗くうつうつとした表情をしていました。

ところが彼女は、森崎さんにお会いしてからすぐに、顔に血色が戻り、表情も明るくなったのです。その変化には、傍らにいた私が驚くほどでした。そのときは女性の母親も付き添っておられ、二人して「これで安心できました」と、涙を流していらっしゃいました。

対面後に女性からあらためて、「(森崎さん夫婦が)とてもすてきなご夫婦で、うれしくて、安心できました」というメールが届きました。

この事例に限らず、妊婦さんと養親希望者が対面したとき、どの妊婦さんも、本当に心からの安堵の表情をなさり、「ホッとしました」と言います。私からも、「お腹の赤ちゃんもすごく安心したでしょうね」と伝えます。

不思議なことに、養親希望のご夫婦と対面した後は、妊婦さんの体調や妊娠経過がよくなり、また、それまでは予定日よりも出産が遅れそうな気配だった方も、実際の出産日が早まったりします。こうしたことはこれまでたびたびあり、私は思わず「もう産まれてもいいと、妊婦さんも赤ちゃんも安心するからなのだろうか?(身体の)ブレーキが外れるのでしょうかね」などと言ってみたものです。産婦人科医からは、「そんなことは起きるはずはないですが……」と笑われてしまいましたが。

大切に保管される手紙と写真

一方、森崎さんご夫妻は、結婚から10年を過ぎても子どもに恵まれず、不妊治療を続けていました。「どうして私たちだけ……」と、焦《あせ》る気持ちがつのり、次々と子どもが授かる周囲の人を羨《うらや》む日々が続いていましたが、「子育てがしたい」、その一心で、養子を迎えることを選びました。

その熱意のほどは、先ほども述べましたが、私が誓約書で提示した厳しい条件も「意に介さない」という表情です。こちらにもその覚悟が伝わってきましたので、妊娠中の女性から相談を受けたとき、真っ先に森崎さんのことが頭に浮かびました。

「産まれそうです」との電話を受けた翌朝、車で4時間以上かけて愛知県の産院に駆けつけた森崎さんご夫婦。ちょうど分娩室の外に到着したのと同時に、元気な赤ちゃんの産声《うぶごえ》が聞こえて、無事に男の子が誕生しました。

看護師長さんが赤ちゃんを抱っこして、森崎さんのところにやってきて、小さな命を手渡

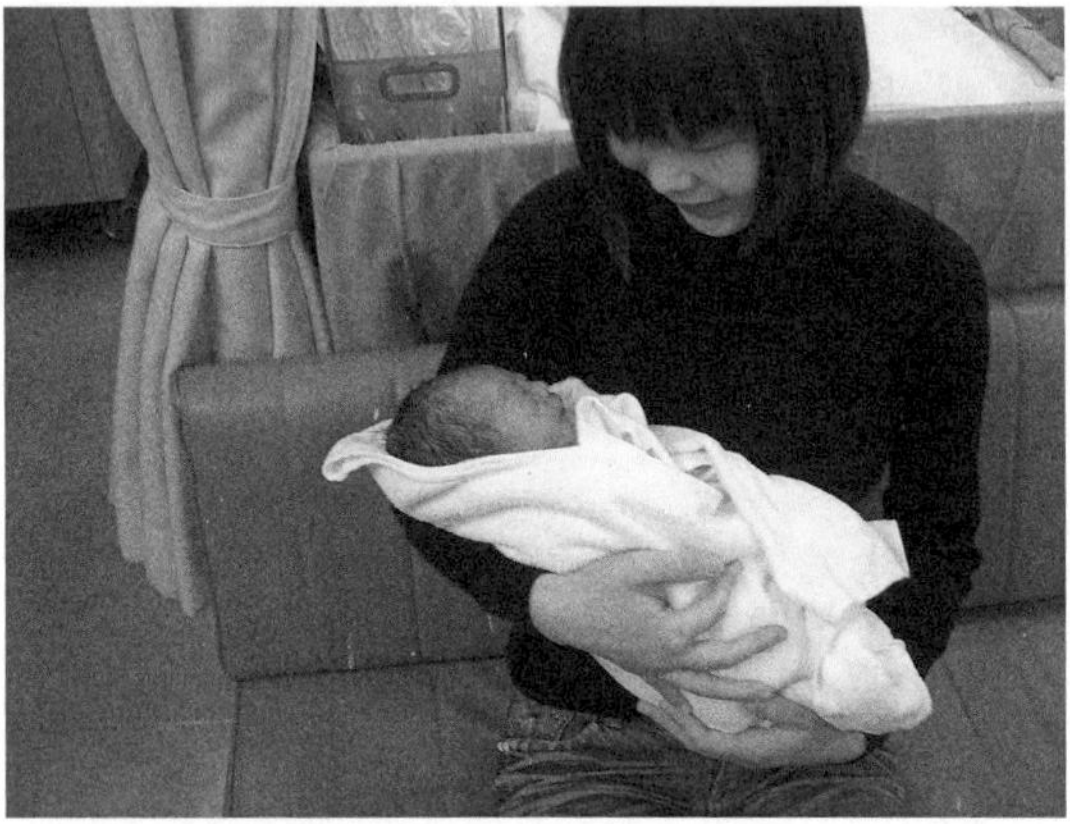
産まれたばかりの悠貴くんを抱く麻紀さん

してくれたとき、麻紀さんは胸がいっぱいになって、涙を流していました。

「やっと会えたね。元気に産まれてきてくれてありがとう。これからずっと一緒にいようね」と、語りかける麻紀さん。

出産した女性は、出生届に、森﨑さんご夫婦が「果てしなく貴《とうと》い」という意味を込めて命名した「悠貴《ゆうき》」という名前を記入しました。

産まれて2週間が過ぎた頃、森﨑さん宅に手紙が届けられました。「大きくなった悠貴くんへ」という言葉で始まる、産みの女性からの手紙です。

そこには、どうしても育てられなかったこと、そして森﨑さん夫婦と会って、とても安心したこと。悠貴くんの幸せを願っていること、などが綴《つづ》られていました。

初節句用の兜の前で。生後３週間

私は産院で、悠貴くんを抱っこした生母さんの写真を撮影しておきました。その写真と手紙は、森﨑さんが大切に保管してくれています。将来、悠貴くんから、「ボクを産んだ人はどんな人？」と質問されたときのために。

弟は「こうのとりのゆりかご」が運んでくれた

元気にスクスクと成長する悠貴くん。森﨑さんは悠貴くんにきょうだいを望んでいましたが、悠貴くんがやってきてから4年後、熊本の慈恵《じけい》病院で産まれる予定の赤ちゃんを養子縁組する話がまとまりました。

慈恵病院は、日本でただ1か所、産みの親が育てられない赤ちゃんの命を守るために、匿名《とくめい》で保護する「こうのとりのゆりかご」を運営している総合病院です。

慈恵病院ではまた、「こうのとりのゆりかご」と併《あわ》せて、24時間対応の無料電話（☎0120-78-3449――ナヤミヨシキュウ）で全国からの相談に応じる「ひとりで悩まないで……SOS赤ちゃんとお母さんの相談室」も開設しています。

この電話に寄せられた、予期しない妊娠をした若年女性とその母親からの相談に対応した看護部長（当時）の田尻《たじり》由貴子さん（現在は相談役）に協力して、私は生まれてくる赤ちゃんと森崎さん夫婦との養子縁組を仲立ちしたのでした。

いよいよ産まれるという知らせを受けた日、森崎さんは、悠貴くんを迎えた日と同じように、でも今度は親子3人で、新幹線に乗って福井県から熊本県の産院に向かいました。悠貴くんには、「赤ちゃんが産まれるから迎えに行くよ」と説明してあります。

赤ちゃん縁組で迎えた子には、しかるべき時期がきたとき、自分の出生に関する真実を伝える必要があります。このときに熊本まで悠貴くんを一緒に連れて行ったのは、明確な真実告知というわけではありませんが、「お兄ちゃん（＝悠貴くん）のときも、こうして迎えたんだよ」ということを教えるためでもありました。

病院に着いてから9時間後、分娩室の隣の部屋で院内衣に着替えて待機していた麻紀さんのもとに、産まれたばかりの男の赤ちゃんが、看護師さんに抱っこされてやってきました。悠貴くんのときと同じようにしっかりと胸に抱き、「元気に育ってくれれば、他に何も望みません」と涙を浮かべる麻紀さん。

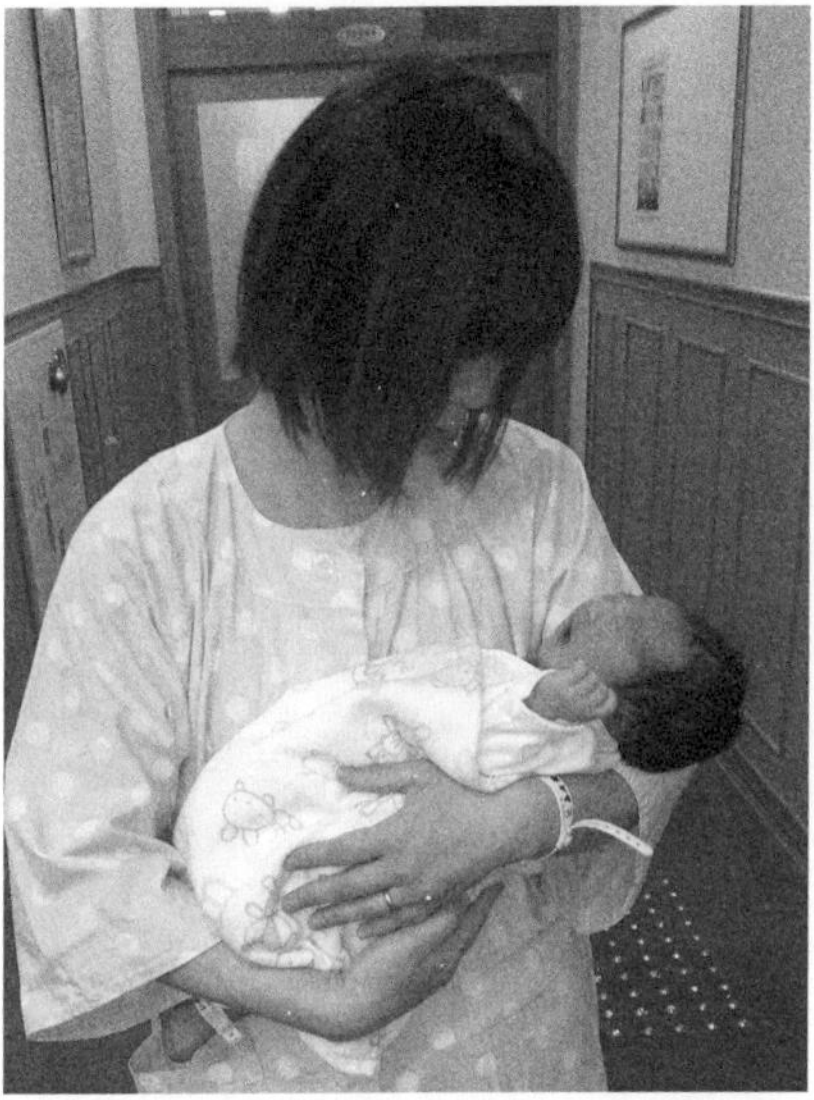
院内衣を着て、産まれた直後の晴斗くんを抱く麻紀さん

悠貴くんも、産まれたばかりの小さな弟を抱っこして、うれしそうに、その顔に見入っていました。

森﨑さん夫婦は、赤ちゃんに「晴《はる》斗《と》」と名付けました。

麻紀さんと初めてお会いしたときは、まだ独身のお嬢さんかと思うほどの、どこかあどけない雰囲気が残っていましたが、2児の母となられた今は、母性愛が溢《あふ》れてくるような豊かな表情をなさっています。
森崎さんからは、すてきな体験報告をいただきましたので、ここにご紹介いたします。

親になれた幸せ——二人の子を迎えて

私たちには二人の息子がいます。長男、悠貴、5歳。保育所の年長さんです。太鼓の練習を頑張っています。二男、晴斗、1歳。歩けるようになり、毎日家の中をお散歩。ボールが大好きでいつも遊んでいます。毎日、一緒に寝て、一緒にご飯を食べて、笑って、泣いて……、どこにでもいる普通の家族です。

数年前まで、私は子どもを持つということをあきらめていました。22歳で結婚し、すぐにでも子どもを欲しいと思っていましたが、なかなか恵まれず、長い不妊治療の道を歩むことになりました。

毎日のように病院に通い、産婦人科の待合室は妊婦さんばかり、見るのも辛かったです。

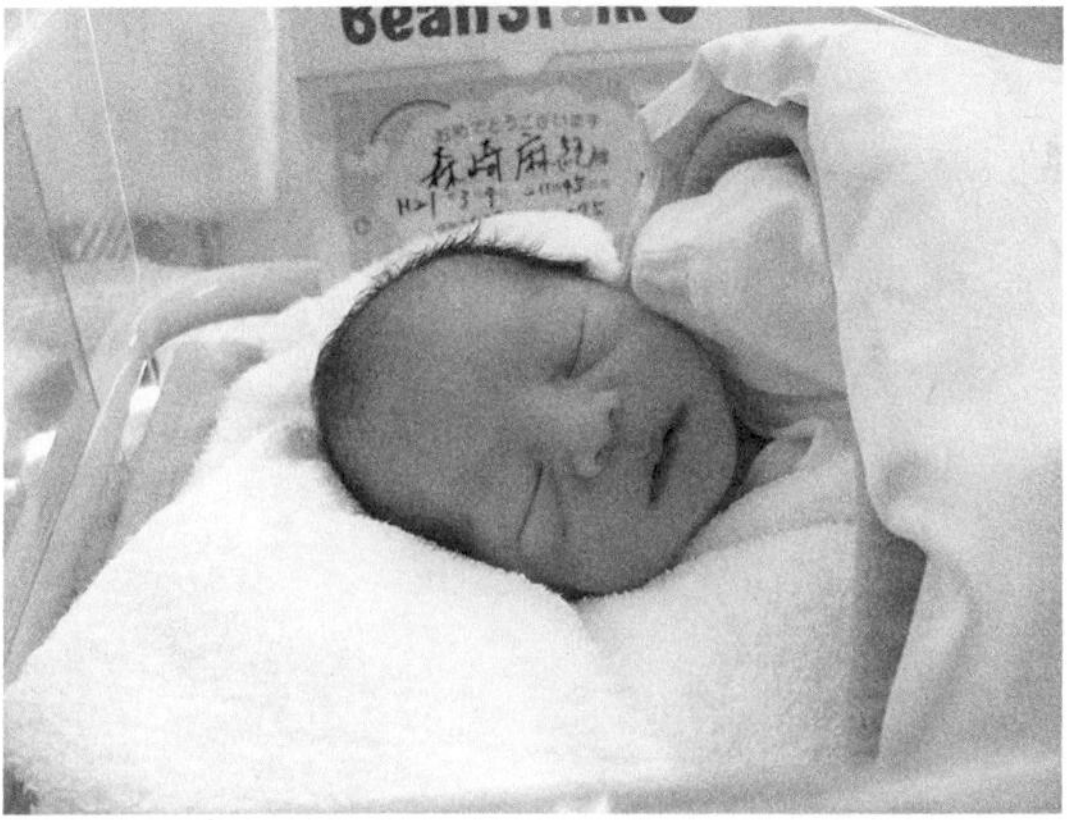

産院のベッドですやすや眠る悠貴くん。生後１日

心も身体もボロボロでした。不妊専門の病院に転院し、そこで妊娠はほぼ不可能だとわかりました。気持ちを切り替え、夫と二人、楽しく生きていこうとしましたが、完全にあきらめきれず、一人で泣いたり、夫に当たったりしました。

そんなとき、里親制度について知り、私たちにもできるのかな？　と考えていた矢先、矢満田さんと出会いました。矢満田さんの「あなたたちも親になれるのです」との言葉をお聞きして、「これが私たちの進む道だ」と、受け止め、すぐに里親登録をして、私たちを必要とする赤ちゃんを待ちました。

２００９年3月4日、長男との出会いです。産まれたばかりの長男はすごく小さくて、「おぎゃーおぎゃー」と元気に泣いていました。す

1歳の誕生日に手作りケーキでお祝い

ぐに抱かせてもらえ、小さな命の温かさを感じ感動したことを忘れることはできません。

「この子が私たちの子になるんだ」と思うと、すごく愛おしくなってきました。本当に私が産んだかのように思えました。

何日も悩んで私たちが考えた「悠貴」という名前を付けることができました。

初めての赤ちゃんを育てるときは、誰もが新米ママですが、私も例外ではありません。育児に関して知識がなく、おむつを替えるのも、沐浴も、ミルクを飲ませるのも初体験。毎日があっという間に過ぎていき、長男はぐんぐん大きくなっていきました。

ハイハイができるようになり、つたい歩きが上手になり、1歳の誕生日を迎えてしばらくし

生後１カ月の晴斗くんと、４歳でお兄ちゃんになった悠貴くん

た頃、家庭裁判所の審判が下り、特別養子縁組が成立しました。戸籍上も本当の親子となりました。

その後も長男は、大きな病気やケガをすることなく、すくすくと成長してくれました。長男が４歳になり、夫と、「そろそろきょうだいが欲しいね」と話をしていたそんなとき、二人目のお話をいただきました。長男に「赤ちゃん来たら嬉しい？」と尋ねると、「赤ちゃん欲しいな、お兄ちゃんになりたいな」と答えてくれました。

数年ぶりになる育児に少し不安もあった私でしたが、その言葉に背中を押されました。夫と私と長男と、新幹線に乗って赤ちゃんを迎えに行きました。３人で赤ちゃんの誕生を待ち、無事対面することができました。２０１３年5月7日、二男

お昼寝もいっしょの布団で

との出会いです。

4年ぶりに抱く赤ちゃん。長男のときと同様、小さくて温かく、あの感覚は忘れられません。長男も弟の誕生を喜びました。

長男にさみしい思いをさせないように気をつけていたつもりだったのですが、ある日の夜中、急に腹痛を訴えたことがありました。病院に行くと、ケロッとしていて、もう大丈夫とのこと。長男はお兄ちゃんとして頑張りすぎちゃったんだな、ごめんね、と思いギュッと抱きしめました。急に弟ができて、お母さんをとられてしまったという思いがあったのでしょう。今でもすごく甘えてきたりします。そのときはたくさん甘えさせて、安心させています。

二男も順調に成長し、1歳を迎える前に特別養子縁組が成立しました。お兄ちゃんに負けず、たくましく育っています。

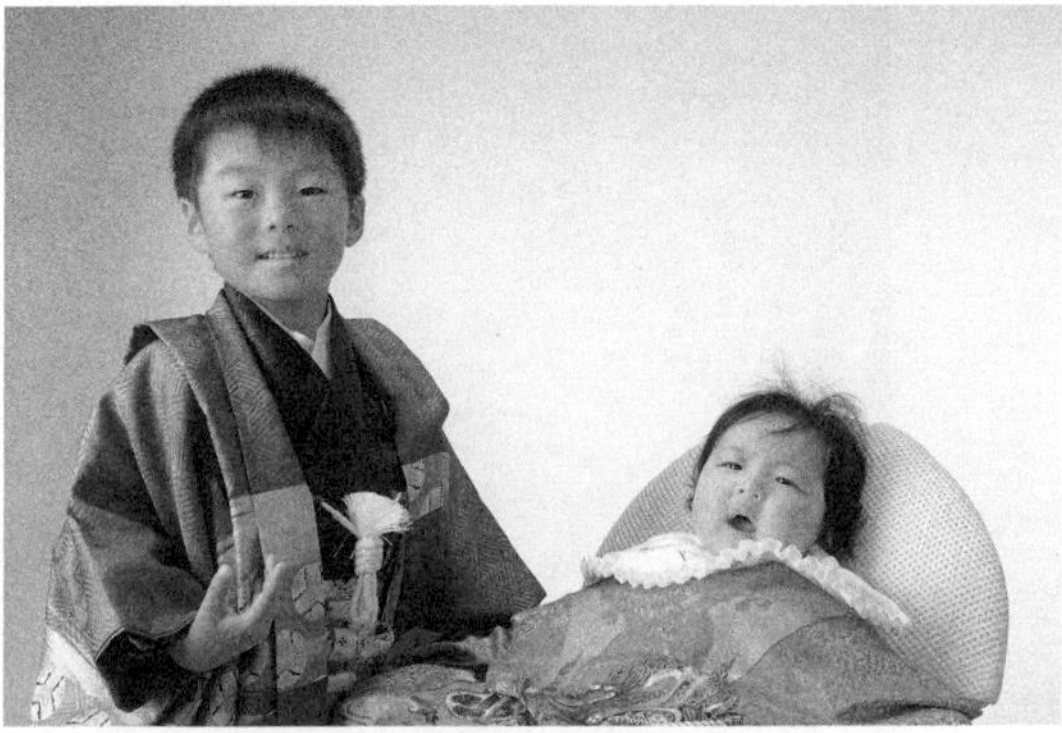

悠貴くんの七五三の記念写真。晴斗くんもおすまし（6カ月）

ある方に言われた言葉です。「子どもはすごい力を持っている。みんな神様の子」。たしかに神様の子なのかもしれないです。神様が子どものいない私たちに授けてくださったのでしょう。私たちとこの子たちの出会いは運命だったのだと思います。里親制度、赤ちゃん縁組との出会いがなかったら、私は今でも悩んでいたかもしれません。

二人の育児を通し、私自身、親として成長させてもらっています。

今思うこと。二人の息子と私たちを結びつけてくださった方、私たちに命を託してくださった方、皆様に感謝します。また、子どもたちには、お父さん、お母さんはあなたたちと血のつながりはないけど、それ以上の絆で結ばれているからね、望まれて産まれてきた命なんだからね、と伝えたいです。

笑顔がいっぱいの時間

そして、血のつながりがないことは特別なことではなく、個性のようなものであって、そこにとらわれず自分の人生を胸を張って歩んでほしいです。まだまだずっと先のことでしょうが、子どもたちが人生を振り返ったとき、私たちが親で良かったと思ってもらえたらいいなぁと思います。

すべての子どもたちが、温かい家庭で育つ。そんな日が来ることを願っています。

2014年7月

森﨑麻紀

特別養子縁組は「三方良し」の制度

この2つのお話は、現在「愛知方式」と呼んでいただいている、「赤ちゃん縁組」をなさって、温かい家庭を作っている方々のストーリーです。

愛知県の児童相談所ではこのように、産まれてすぐの赤ちゃんを、特別養子縁組を前提とした里親委託によって、一人でも多く家庭の中で育てようとする取り組みを30年来続けてまいりました。

予期せぬ妊娠に悩む女性からの相談に丁寧に対応し、出産をした後に赤ちゃんの顔を見ても養子に出す決断が変わらなければ、育ての親となる方を産院に招きます。あるいは、生まれる前に隣室で待機していただき、産みの親に「養子として託します」という意思を再確認した後で、赤ちゃんと対面していただきます。

育ての親には、その産院でおむつ交換、ミルクの飲ませ方、お風呂の入れ方などの育児トレーニングを受けながら赤ちゃんと一緒に過ごしていただき、主治医から退院許可を得次第、赤ちゃんを連れて帰宅し、親子としての生活を始めていただきます。

愛知方式で重要視しているのが、赤ちゃんの名付けです。できる限り、育ての親が希望する名前を産みの親に伝えて、出生届に記載してもらうようにはからいます。

養親さんは、名付け親になれたことに感動し、親子としての一体感を強く持つことで、家族としての生活を順調に始めることができます。一方、産みの親もその喜び具合を見て、子どもを手放す罪償感《ざいしょうかん》から解放されることができるのです。

①妊娠・出産した女性が赤ちゃんを育てられない自責の念から解放される。

②赤ちゃんは在胎中または生後まもなくから安定した終生の親にめぐりあえる。

③里親は赤ちゃんに恵まれて親になり、不妊治療の苦悩から脱却できる。

愛知方式は、まさに「三方良《さんぼうよ》し」の方策です。加えて、乳児院に入る子どもの数（乳児院措置の件数）を減らすことができます。さらには、サポートをした児童相談所の担当職員や、関わった医療従事者、法律関係者も、親子結びの感動を体験し、分かち合えるということも強調しておきます。

これほどのメリットがある取り組みが、なぜ広まらないのでしょうか。

一人でも多くの子に「親」との出会いを

愛知方式は、平成23年3月、厚生労働省によって、「里親委託ガイドライン」の中で、「新生児里親委託の実際例」として紹介されました。その中には、「この方法は、妊娠中の女性が安心して出産を迎えることができるとともに、迎える里親側も自然に親子関係を紡《つむ》ぐことができるという利点を持つ」と記されています。

しかしながら、全国の児童相談所からは、赤ちゃん縁組の取り組み実績が増えている、という朗報は、まだ期待するほど届いてはいません。多くの児童相談所は、生みの親が養育放棄した赤ちゃんへの特別養子縁組を積極的に行なわず、産院から直接、乳児院などに入所させる、という措置を続けているのです。

赤ちゃん縁組は多くのメリットがある取り組みであるにもかかわらず、そのことがきちんと広まっていないため、さまざまな誤解もあります。

「やはり産みの親が責任をもって育てるべきだ」
「乳児に病気や障がいがないか観察してから行なうべきだ」
「児童相談所は虐待対応で忙しくて、そこまでできない」
「乳児院や児童養護施設でも環境は改善され、手厚い養育が行なわれている」

「血縁のない家で育つ子はかわいそう、辛い思いをするのではないか」

「養子にとったとしても周囲の目が気になる」

「子どもが出自《しゅつじ》を知る権利はどうなるのだ」

「引き取り先がきちんと育てる保証はあるのか」

「そもそも特別養子縁組とは？　それほどに必要なことなのか」

……などなど、さまざまなお立場で、異論や疑問のある方もいらっしゃるでしょう。


こうした声に答えるために、愛知県の児童相談所職員が30年あまりの間、行なってきた取り組みを、この本でご紹介していきたいと思います。

今、この瞬間も、乳児院などで、「ボクもパパとママが欲しい」と泣いている子どもを、一人でも減らすために。

小さい命を守る責任を持つ、すべての大人の方に向けて、お伝えしたいと思います。

第1章　「特別養子縁組」とは何か？

矢満田篤二

「子の利益のため」の制度

「養子縁組」という言葉から、みなさんは何を連想しますか？

いわゆる「婿養子《むこようし》」だとか、家を継《つ》ぐために行なわれる大人の養子縁組のことを思い浮かべる方も多いのではないでしょうか。実際に、日本ではこうした大人の養子縁組はとても多く、年間8万件に上《のぼ》っています。

子どもの養子縁組だとすると、「親の再婚に伴って連れ子を養子に迎える」とか、親類のお子さんを養子縁組するような場合を思い浮かべるかもしれませんね。

本書で述べていく「**特別養子縁組制度**」は、1988年に民法に追加される形で創設された「子の利益のため」（817条の7）の制度です。産みの親が何らかの事情で育てることができない「要保護児童」に、恒久的な家庭を与えることが目的とされており、原則として0歳から6歳未満の子どもが対象になります。

特別養子縁組は、日本でこれまで多く行なわれてきた「**普通養子縁組**」とは、さまざまな点で異なります。

まず前提としての大きな違いは、普通養子縁組の多くが、「親の都合や家系の存続」あるいは「節税目的」のために行なわれているのに対して、特別養子縁組は「児童福祉の観点」

から行なわれる制度であることです。

普通養子縁組では、戸籍に「養子」「養女」と表記されますが、特別養子縁組は、法律上も実の親子同様の関係を作るための制度となるため、戸籍上の表記も、実子と同じように「子」、「長男」「長女」と記されます。

また、特別養子縁組は、産みの親との法律上の関係を終わりにする制度でもあります。産みの親の親権は停止となり、育てる側の親である養親に親権は移ります。したがって、その子どもは産みの親との親族関係はなくなり、新たに養子縁組をした養親だけの子になります。

この点、普通養子縁組の場合は、産みの親の親権は残り、法律上の親族関係は切れません。

また、里親が子どもを預かり一時的に育てる「里親制度」も、産みの親の親権は残したまま、里親の家庭で育つことになります。

さらに、普通養子縁組は、双方が合意して届けを出せば成立しますが、特別養子縁組を成立させるためには、家庭裁判所の審判が必要になります。

その他にも、養親は原則として片方が25歳以上の、結婚をしている夫婦でなければならず、また縁組後は、よほどの事情がない限り、養子と離縁はできません。

このように、養親にはいくつもの条件が課せられますが、それは「子の利益のため」であるが故なのです（図1　養子縁組制度の主な違い）。

こうして「普通養子縁組」と「特別養子縁組」を比較するときに、私は違和感を持ちます。なぜなら、乳幼児のための養子制度の方に「特別」がついた名称になっているからです。

たしかに、現在のところでは、日本ではまだ成立件数は少ないですから、「特別」なのかもしれません。しかし、欧米諸国では、実はこの「特別養子縁組」のような縁組の方が、「特別」ではなく「普通」なのです。私はこれからの日本では、「特別養子縁組がスタンダードである」と言えるような、そんな社会になってほしいと願っているのです。

社会的養護の2つの方法――「施設養護」と「家庭養護」

さまざまな事情から、産みの親が育てることができない子どもは、社会の中で育てていくことになります。このことを「**社会的養護**」といいます。

社会的養護の基本理念は、「子どもの最善の利益のために」「社会全体で子どもを育《はぐく》む」というものですが、その方法は、乳児院や児童養護施設などで行なう「**施設養護**」と、里親や養子縁組による「**家庭養護**」の大きく2つに分かれます。

現在の日本では、この施設養護と家庭養護の割合が、「施設養護が約9割、家庭養護が約

図1　養子縁組制度の主な違い

項目	普通養子縁組（民法792条）	特別養子縁組（民法817条の2）
名称	普通養子	特別養子
成立	養親と養子の親権者と契約※	家庭裁判所に申立て審判を受けなければならない
親子関係	実親、養親ともに存在	実親との関係は消滅
戸籍の記載	養子・養女	長男・長女
養親の離縁	認められる	原則できない
養子の年齢	制限なし	6歳未満
相続権	実親・養親の両方の相続権がある	実親の相続権は消滅

※未成年者で直系卑属でない場合は家庭裁判所に申立て縁組の許可をもらわなければならない。
資料：日本財団「ハッピーゆりかごプロジェクト」ホームページより

1割」と、施設養護に偏《かたよ》っていることが問題視されています。なぜ施設養護の方が多いのか、これのどこが問題なのか、ということについては、本書の中で詳しく述べていきます。

少々堅い話が続きますが、制度上の違いについてさらに説明をさせてください。

特別養子縁組制度は、家庭養護の一つの方法として位置づけられています。現在、その家庭養護の中で多くを占めているのは、期限付きで子どもを育てる「里親制度」です。

児童福祉に詳しくないという方でも、「里親」という言葉はご存じだと思います。もしかしたら、「養子縁組は家を継ぐための制度、里親制度は親のいない子、もしくは親が育てられない子のためにある制度」という認識が強いかもしれません。さらには、特別養子縁組制度と里親制度との違いがよくわからないという方も多いと思います。

実は、現在、日本の児童福祉政策としての里親には、制度上4つの種類があり、そこを整理して言葉を使わないと、いろんなことを混同してしまいがちです。里親の種類について、簡単に説明しましょう。

里親制度の中に「養子縁組を希望する里親」がある

里親制度の中で多いのは、親に代わって一定期間、里子の養育を行なう「**養育里親**」です。養育里親の中には、親から虐待されて情緒的に不安定であるなど、特別な事情や障がいを抱えた子どもを養育する「**専門里親**」という制度もあります。

この「養育里親」とは区分される形で、「**養子縁組を希望する里親**」があります。

そしてもう一つが、親以外の親族が里親となる「**親族里親**」。以上が4種類の里親です(図2　里親の種類)。

どの里親も、同じ里親制度の中にあり、要保護児童を家庭的環境で育てる役割を担っていますが、本書のテーマであり、今後の家庭養護の柱となっていただきたいのが「養子縁組を

図2　里親の種類

種類	養育里親		養子縁組を希望する里親	親族里親
		専門里親		
対象児童	要保護児童（保護者のいない児童又は保護者に監護させることが不適切であると認められる児童）	次に揚げる要保護児童のうち、都道府県知事がその養育に関し特に支援が必要と認めたもの ①児童虐待等の行為により心身に有害な影響を受けた児童 ②非行等の問題を有する児童 ③身体障害、知的障害又は精神障害がある児童	要保護児童（保護者のいない児童又は保護者に監護させることが不適切であると認められる児童）	次の要件に該当する要保護児童 ①当該親族里親に扶養義務のある児童 ②児童の両親その他当該児童を現に監護する者が死亡、行方不明、拘禁、入院等の状態となったことにより、これらの者により、養育が期待できないこと

資料：厚生労働省ホームページ「里親制度等について」より

希望する里親」です。

私が児童相談所で児童福祉司として行なってきた赤ちゃん縁組とは、「担当区域内で、赤ちゃんを里子として希望する里親登録をした方のうち、『養子縁組を希望する里親』に、特別養子縁組を前提として赤ちゃんを委託してきた」ということになります。

この他に、産みの親と育ての親との間を取り次ぐ「養子縁組あっせん」という方法もあります。私は、愛知県以外や、愛知県内でも自分の担当地域外に居住している実母さんや養子縁組希望の夫妻との赤ちゃん縁組を、この方法で数例行ないました。プロローグの最初のストーリーで紹介した、石井さん家族（産みの親側）も愛知県外の方で、養親となった中川さん夫妻は、県内でしたが、私が勤務していた児童相談所の担当区域以外の方でした。

当時は、児童相談所の所長や同僚たちから、前例のない取り組みを行なうことへの心配や反対の声がありましたが、児童福祉法などには禁止規定がなく、むしろ厚生省（当時）は、養子縁組あっせんに関しても、児童家庭局長名で、「児童相談所長は、要保護児童対策の一環として、保護に欠ける児童が適当な養親を見出し、適正な養子縁組を結べるよう努めること」という通知を出して推奨していました。しかし、多くの児童相談所が取り組んでいないのが現状です。

もちろん、担当区域外からの相談に応じてはならないという禁止規定もありません。大事な基本理念は、児童福祉法の第二条に定めている「国及び地方公共団体は、児童の保護者とともに、児童を心身ともに健《すこ》やかに育成する責任を負う」ことなのです。

家庭養護は「パーマネンシー・ケア」を重視すべき

児童相談所の「里親委託業務」の中でも、「養育里親」と「養子縁組を希望する里親」は、分けて考える必要があります。なぜなら、養子縁組を希望する里親が用いる「特別養子縁組制度」と、養育里親による「里親制度」は、同じ家庭養護の方法ではありますが、子の利益という点で、大きな違いがあるからです。

その違いとは、**「子どもに『パーマネンシー・ケア（恒久的ケア）』を与えることができているか」**という点です。

子どもの福祉に基づいたパーマネンシー・ケアとは、「恒久的な家庭での養育」を意味します。限定的ではなく、恒久的な養護を実現する制度が、特別養子縁組ですから、社会的養護が必要な子どもを保護するとき、もっとも優先すべき選択であるということになります。

すべての子どもは、家庭の中で、家族の一人として、親から愛されて育てられる権利があります。この権利が尊重されている国の未来は輝かしく、この権利がなおざりにされている国には、未来はない、と私は思っています（この理由は後で述べます）。そしてこの場合の親とは、血縁上の親とは限らず、養子縁組による法的な監護義務のある親も含みます。

里親制度の場合でも、家庭で育つことはできますが、それには期限があります。18歳になれば措置解除ということで、親子の縁が切れてしまうことになりますし、一定の里親のもとではなく、別の里親に移ったり、あるいは施設に戻ったりということを繰り返す場合も少なくありません。

一時的に里親のもとで暮らすことで、「ある一定の期間だけでも家庭的な雰囲気を味わう」ということはできるかもしれません。しかしながら、そのような居候《いそうろう》のような状態で、本当に子どもの心は満たされるでしょうか。そんなはずはありません。

「一定の養育者と恒久的な愛着関係を結ぶ」ということは、子どもの心情はもちろん、脳や身体の発達にも影響してくる、とても大切なことです。

恒久的なつながりの中で養育し、親子として、人生を共に生きていく。これが子どものためにもっとも優先すべき養育環境なのです。

世界は「家庭養護」へシフトしている

先ほど述べたように、日本における社会的養護の約9割が、乳児院や児童福祉施設などで行なう施設養護です。わずか1割ほどの家庭養護の内訳も、ほとんどが養子縁組を前提としない「養育里親」が占めています。特別養子縁組については、子どもにパーマネンシー・ケアを与えることができるベストな方法であるにもかかわらず、要保護児童数が4万7000人といわれる中、年間で300〜400件に留《とど》まっているのが現状です。

一方、世界の他の国に目を向けると、特に先進国であるアメリカ、イギリス、オーストラ

図3　諸外国における里親等委託率の状況

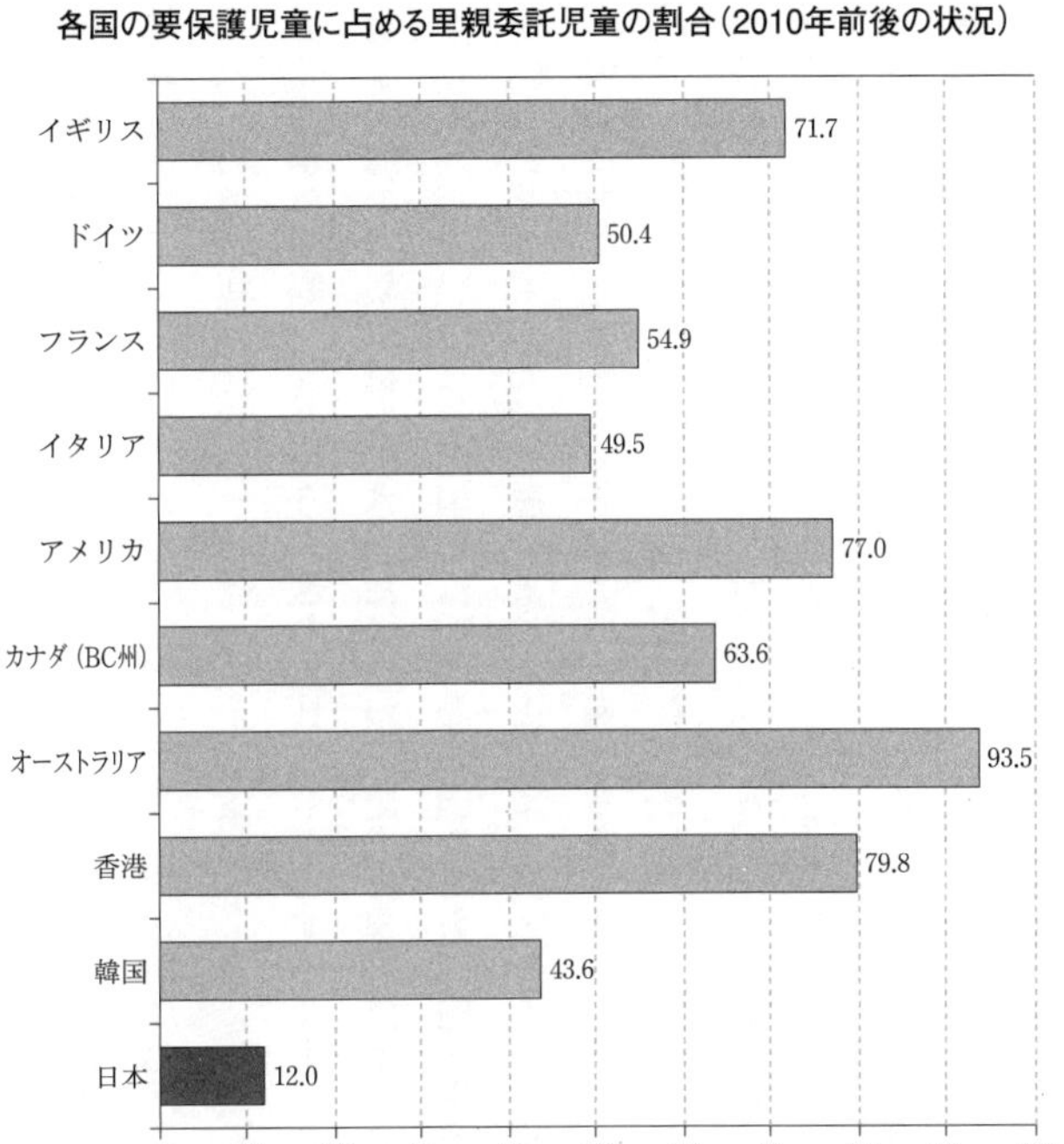

※「家庭外ケア児童数及び里親委託率等の国際比較研究」主任研究者 開原久代（東京成徳大学子ども学部）（平成23年度厚生労働科学研究「社会的養護における児童の特性別標準的ケアパッケージ（被虐待児を養育する里親家庭の民間の治療支援機関の研究）」）

※日本の里親等委託率12.0%は、平成22年度末（2011年3月末）

※里親の概念は諸外国によって異なる。

資料：厚生労働省「社会的養護の現状について（参考資料）平成26年3月」より

リア等の国では、日本とは逆で、家庭養護が7～9割近くを占めています。北欧の国々も家庭養護の割合の方が上回っているところが多く、日本と文化的にも近い東アジアの韓国でも、家庭養護が半数近くを占めているのです（図3　諸外国における里親等委託率の状況）。

今、世界の児童福祉において、このパーマネンシー・ケアがとても重視されており、「施設での養護から家庭へ」という大きな流れにもなっています。『朝日新聞』の「GLOBE」紙で養子縁組の特集取材をなさった後藤絵里記者の報告によりますと、ルーマニア、ルワンダ、モルドバ、といった先進国とは呼べない国々でも、施設を廃止する動きなどが相次いでいるということです。先ほど述べましたように、日本と近い文化を持つ韓国では、里親からの養子縁組にとても積極的であるという報告もあります。

そして、特別養子縁組の中でも、私がもっとも力を注いできたのが、産まれてからすぐに育ての親のもとで育つことができる「赤ちゃん縁組」です。民法上の年齢制限は、0歳から6歳未満となっていますが、大切なことは、「できるだけ小さいうちに、1日でも早く、育ての親と一緒に暮らす」ことなのです。それが、産みの親から離された子どもにとって最善の策だからです。

この点について、残念ながらほとんどの児童相談所では、赤ちゃんに病気や障がいがあるかもしれないからという理由で、しばらく様子を見る観察期間を設けてから養子縁組へ出す、ということが行なわれています。病気や障がいがあれば、なおのこと、児童福祉策で援助すべきですが、育てる親側の希望を重視して、子どもを選別していることは許せないことです。

このような状況は、新しく親子になる双方にとって、デメリットが大きいのではないでしょうか。赤ちゃんと親との愛着の絆を結ぶためには、生後すぐの時期から一定の保護者との関係を作っていくことがとても大切だからです。このことについては、項を改めて強く訴えていきたいと思います。

ある医師の思いと行動から始まった

今から約40年前、その後に特別養子縁組制度ができることになるいきさつに深く関わっていたのが、宮城県の産婦人科医師・菊田《きくた》昇《のぼる》先生でした。その菊田先生のことについて、ここでお話をさせてください。

石巻市で産婦人科医院を開業していた菊田先生は、1960年代、頻繁《ひんぱん》に中絶手術を行なわなくてはならないことに葛藤《かっとう》を抱いていました。

当時なぜ、中絶手術を求める女性が多かったのかというと、現在と比較すると、バース・

コントロール（避妊などにより子どもを持つ時期を調節すること）の充分な指導がなされていなかったことがあります。

それに加えて、地域的な事情もありました。当時の東北沿岸部では、漁船の遭難事故が少なからず起きていました。夫の事故死で後に残された妻が、その後の生活の援助をしてくれた亡き夫以外の男性の子どもを妊娠する、というようなことも起きていたのです。

中には、中絶できる時期をとっくに逸《いっ》した妊婦さんもおり、そこまで成長した赤ちゃんを中絶するに忍びなかった菊田先生は、手術を断ったこともあったそうです。それでもなお、ぜひ中絶してほしいと泣いて懇願《こんがん》されていたといいます。

こうした中、菊田先生が中絶を拒否したことで、母子心中事件や、母親が乳児を殺《あや》めるような事件が、いくつか起きてしまったのです。

菊田先生は大きな衝撃を受けました。「私が中絶を断ったばかりに……」とご自分を責めました。しかし、そんな事件が起きた後も、中絶を求める妊婦さんたちが病院を訪れます。中絶可能な時期を過ぎた妊婦さんの手術ができないのはもちろんのこと、中絶手術そのものをしたくないという菊田先生の思いに変わりはありません。

そこで菊田先生が決断されたのは、中絶を依頼する妊婦さんを説得して出産してもらい、赤ちゃんを望んでいる方へ無報酬であっせんする、ということでした。地元の新聞に広告を出して、赤ちゃんを求める人を募《つの》ったのです。

そして、ある「作為《さくい》」を行ないました。

菊田昇医師が世に投げかけたこと

通常は、出産すると赤ちゃんは母親の戸籍に入ります。そのために出生届を出す必要がありますが、そうなると、先ほどのような事情を抱えた女性は、「未亡人が出産するなど不道徳だ」という世間の批判にさらされてしまいます。

出生届をためらう女性と産まれてきた赤ちゃんを前にして、菊田先生がとった非常手段。それは、不妊治療の患者として出会った夫婦が出産したことにする「偽《にせ》の出生証明書」の作成でした。

この書類があれば、産んだ女性の出産記録は残りませんし、赤ちゃんを迎えた夫婦は実子として育てることができます。

こうして育ての親のもとに託された赤ちゃんは、１００人に上ったということです。

しかし、１９７３年、菊田先生は、同じ産科医の団体である愛知県産婦人科医会から、告発を受けました。これが世に「赤ちゃんあっせん事件」と呼ばれる出来事です。

菊田先生は、偽《いつわ》りの出生証明書作成等の罪により、罰金20万円の略式命令、厚生省から6カ月の医業停止の行政処分を受けることになりました。

この事件の後、菊田先生を告発したものの、その思いには共感していた愛知県産婦人科医会は、1976年10月1日から、合法的な「赤ちゃん縁組無料相談」を開始しました。出産した事実は隠さずに、産みの親の戸籍に記載するが、赤ちゃんは子宝に恵まれない夫婦に養子縁組をする仲介をして、産院から赤ちゃんを引き渡し、家庭裁判所の許可を得て養子にする、という方法です。

菊田先生の行為は違法ではありましたが、母と子を救うためにやむを得ず行なったこと。この事件を機に議論が起こり、民法が改正されて、特別養子縁組制度が作られたのです。

実は私は、菊田先生に何度かお会いしたことがあります。

私は公務員としていくつかの職場を経て、1980年4月に、愛知県の中央児童相談所に着任しました。その頃、福祉の専門的な勉強をするために、さまざまな研究組織に顔を出していました。その一つが、発足したばかりの「養子と里親を考える会」でした。

この会は、赤ちゃんあっせん事件にショックを受け、菊田先生を支援する有志が立ち上げ

「養子と里親を考える会」で講演する菊田昇医師（1984年４月　著者撮影）

たもので、菊田先生をお招きして、講演していただいたこともあります。

講演でのお話の中で、菊田先生は「実子特例法」という法律の制定を強く主張されていました。それは、妊娠した子を育てられない事情を抱えた女性が、「匿名で出産できる保護制度」のことを意味していました。

この理念は、現在、熊本の慈恵病院が行なっている『こうのとりのゆりかご』と重なります。私がもっとも敬愛する産科医の蓮田《はすだ》太二《たいじ》理事長が、行政権力などとのさまざまな軋轢《あつれき》に屈せず、固い信念で運営なさっている匿名乳児救出設備が、『こうのとりのゆりかご』です。

生前の菊田先生の、「私は赤ちゃんの命を

救いたかった」と話されたお声は、今も私の耳に残っています。

「慈恵病院の『こうのとりのゆりかご』は、菊田先生がやりたかったことですよね。今、少しずつですが、日本の中で、赤ちゃんの命を救うためにどうすればいいか、皆が考え始めています」と、亡き菊田先生に語りかけてしまう私がいるのです。

法の裁きでは、中絶手術によって胎児の命を絶つことが「合法」で、赤ちゃんの命を救う菊田先生の行為が「違法」ということになりましたが、菊田先生は事件後も赤ちゃんの命を救う活動に尽力されました。そして1991年4月、「多数の無理解の中で『弱い立場の生命』を身体を張って救い、罪をかぶって頑張った姿勢」が高く評価され、国際生命尊重連盟から「第2回　世界生命賞」が贈られました。

ちなみに、この賞の第1回の受賞者は、かのマザー・テレサさんです。

それは、菊田先生が65歳で亡くなった8月21日の、4カ月ほど前のことでした。

産まれてすぐ「施設送り」――それでいいのか？

赤ちゃんあっせん事件が起き、愛知県産婦人科医会が「赤ちゃん縁組無料相談」を始めた4年後、私は愛知県中央児童相談所で里親業務を担当することになりました。

そのときに初めて、乳児院や児童養護施設で暮らす子どもたちに関する、児童相談所の業務の実態を目の当《ま》たりにして、愕然《がくぜん》といたしました。

予期せぬ妊娠によって産まれた赤ちゃんは、産まれた産院から直接、乳児院に送られていました。多くの子どもは、一度施設に入所してしまうと、産みの親に引き取られることもなく、ほとんどの場合、産みの親による面会すらありません。そのまま2～3歳になるまで、乳児院で生活を続けています。

そして、乳児院の次は児童養護施設へと措置変更となります。わずか3歳で、これまで育ってきた環境からガラリと変わり、大勢の子どもたちと一緒に生活することになるのです。上は18歳までの子どもたちがいる児童養護施設になじんでいくのは、とても大変なことです。

現在の施設における子どもの生活の実態については、後からまた述べるとして、ここでは私が見た当時のことをお話ししていきます。

親の顔も、家族の愛情も知らず、家庭生活を体験する機会もないままに、中学校を卒業すると「社会的自立」という大義名分で、住み込み就職などをさせていたのが、当時の状況でした。大半が15歳で施設を出ることになり、中学卒業後に公立高校に進学して引き続き施設に残ることができる子はわずかでした。

そんな中、就職をしてもさほど間を置かずに、元の施設に泣きつく子どもは多いのです。家庭で生活していれば自然と身につけられるお金の使い方や、食事の用意の仕方などもわからないままに社会に出てしまうため、すぐに生活費に窮《きゅう》してしまいます。

施設長から厳しい注意を受けて、当座をしのぐ生活費や食材を渡されて戻っていきますが、結局は就職した仕事先も3カ月と続かず、もはや施設に顔を出すこともできなくなって、行方知れずになることも少なくありませんでした。

私が所属していた児童相談所では、このような実態には目をつむり、子どもたちのことはすべて施設の職員任せという状態が続いていました。

業《ごう》を煮《に》やした私は、施設や里親家庭の実態調査のため、児童たちと個別に面談を試みました。その結果、施設内もしくは里親家庭内において、ネグレクト状態に置かれていたり、いわば「虐待を受けている可能性」があったり、「愛情剥奪《はくだつ》症候群」のような状態に陥《おちい》っている子どもがいることもわかりました。

これは一刻も早く状況を改善しないといけない。私にできることをしよう、と決めて、虐待を受けている可能性のある子どもたちの処遇変更を児童相談所内で求めました。

すると、軍隊上がりの所長から、「子どもにわがままを言わせてはならない。多少辛くても我慢させて強く鍛《きた》えよ」という精神論を展開されて、あっけにとられたこともあります。

里親の家庭で虐待されていた小学校低学年の女児を救出するべく、所内会議で強く措置変更を主張したこともあります。このときは、前述の所長から強い叱咤《しった》を受けてしまい、要注意人物として私への監視が続きました。

それでも、実態調査のためにたびたび、特に乳児院に足を運び続けました。そうして施設での子どもたちの暮らしぶりを知れば知るほど、「子どもを施設に長く置いてはいけない」という思いを強く持つようになりました。

この同じ時期に、愛知県産婦人科医会の取り組みをはじめ、さまざまな勉強会などを通して、赤ちゃんを養子として家庭に託すための方法があるということを知りました。

「乳児院に置いたままにしなくても、子どもが家庭で可愛がって育ててもらえる方法があるじゃないか！　なぜそれができないままになっているのか……」

誰もやらないのならば私がやろう、という思いを胸に、今では愛知方式と呼ばれるようになった「赤ちゃん縁組」に取り組み始めました。

民間の力で続いてきた縁組

我が国では、特別養子縁組制度ができた翌年（1988年）には1814件の縁組が成立し、その後も年間に1000件以上の年が続いた後、90年代にも年間500件前後の縁組がありました。しかしその後は減少し、ここ数年は400件以下に留まり、2011年度は374件となっています（『日本の児童養護——児童養護学への招待』ロジャー・グッドマン著、津崎哲雄訳、明石書店）。このほとんどが、民間のあっせん団体による縁組で、児童相談所を介しての縁組は、愛知県を除いては、ごく少数に留まっています。

児童相談所は、児童福祉法に基づいて設置された子どものための行政機関ですから、本来であれば児童相談所が窓口となり、子どもの利益となる特別養子縁組を積極的に進めるべきだと思いますが、制度ができてから今日までの歴史は、そうではありませんでした。

日本でこれまで特別養子縁組制度を推進してきたのは、先ほども申しましたように、むしろ民間のあっせん団体の方々です。予期せぬ妊娠をした女性たちの駆け込み寺となって、親が育てられない子どもたちを養子縁組につないでこられました。

後述いたしますが、私はこうした民間のあっせん団体の方々とも交流し、養子縁組の具体的な方法などを情報交換させていただきながら、地方公共団体である児童相談所の中で、養子縁組を行なってきたというわけです。

赤ちゃんの養子縁組については、特別養子縁組の制度ができる以前は、あっせん団体の免許というものもなく、個人で行なう方もいましたので、どちらかというと、秘めたる行為という印象をお持ちの方も多いかもしれません。

特別養子縁組のあっせんについては、制度が実施された翌年から届け出が必要になっています。現厚生労働省から「養子縁組あっせん事業の指導について」という通達がなされて、養子縁組のあっせんをするためには、自治体に第２種社会福祉事業の届け出をすることが決まりました。２０１４年５月現在、全国に15団体が届けを出しています。

ここ数年、こうした民間団体の方々の存在が、一般にも知られるようになってきました。「施設養護９割、家庭養護１割」という日本の現状に問題意識を持ってくださる方々が、さまざまな場面で取り上げてくださるようになったからです。

特別養子縁組に関する体験者のドキュメンタリーが放映されたり、民間あっせん団体の取り組みが報道されたり、２０１３年からは日本財団が、養子縁組に関する研究会やシンポジウムを活発に行なっています。２０１４年の春には、４月４日を「よーし（＝養子）の日」に制定しようという、特別養子縁組推進のためのイベントも開催されました。

国からの支援はなし——寄付に頼らざるを得ない民間団体

多くの方々に知っていただくことはとてもありがたいことです。ただし、そこで交わされる議論では、必ずしも前向きなご意見ばかりが出てくるわけではありません。

たとえば、２０１３年の報道の中には、「養子縁組で民間あっせん団体は多額の寄付金を受け取っている」というような、ネガティブなものもありました。しかし、これは非常に誤解を生みやすい表現だと感じています。

特別養子縁組と違法な人身売買とは、まったく別物です。きちんと届け出をしている民間あっせん団体の活動は、金銭的利益を求めて行なわれているようなものではありません。

先に私のことを申しますと、児童相談所を退職してからの20年間に、社会福祉士として相談を受け、ボランティア活動の一環として、６人の「親子結び」＝赤ちゃん縁組を仲介しましたが、この活動に関わる交通・通信費や宿泊費などのもろもろの費用は、すべて持ち出しであり、年金生活を切り詰めて、個人的な負担でやっています。

民間団体の方は、妊娠した女性を地元から離れたシェルターでケアをして、相談やカウンセリングを重ねながら、出産のサポートまでをしてから縁組をする、という活動をなさっています。こうした民間団体の活動は、１回あたりいくらと定められません。産みの親となる女性の多くは、経済的にも苦しい事情を抱えており、健康保険に入っていない人もいます。彼女たちから実費をいただくことは不可能です。

日本では、特別養子縁組のあっせんに必要な費用について、国からのサポートなどは一切ありません。これも日本で特別養子縁組が広まらない要因の一つです。

一方、アメリカやイギリスでは、養子縁組に関わるコストを養親が支払う必要はほとんどなく、国からの補助金でまかなわれているということが、２０１３年に日本財団で開催された「特別養子縁組を考える国際シンポジウム」において発表されていました。イギリスでは「養子縁組に関わる費用を養親が負担することは一切ない」ですし、韓国でも、一定の補助金が支給されているといいます。

また、特にアメリカやイギリスでは、養子縁組をした家族に対して、アフターケアとして金銭面を含めたさまざまなサポート体制があるということです。国が金銭面も含めて養子縁組を支援しているということが、日本との大きな違いなのです。

特別養子縁組の取り組みが遅れていると言わざるを得ない日本において、民間あっせん団体の活動経費は、縁組が成立した養育家庭から「実費」という形でいただく他はないのです。その名目が、提出書類上「寄付」となった場合に、「多額の寄付金が……」という、スキャンダラスな表現になっていることを、とても残念に思います。

「赤ちゃん縁組」の流れ――ある女子中学生の出産

ここで、赤ちゃん縁組がどのような経緯で行なわれるのか、私が児童相談所で里親業務に取り組み始めた頃のケースをご紹介します。本書の中でこうした事例を紹介する際、ご本人の承諾をいただいていない場合は、関係者が特定されないように仮名とし、時間や場所に関しても表記を一部修正していることをお断りしておきます。

今から二十数年前のことになります。中学2年生の嘉子《よしこ》さんの父親と名乗る男性から、私の勤務先の児童相談所に電話が入りました。

「長女の嘉子が腹痛を訴えて救急車で搬送されました。今まで気がつかなかったのだが、妊娠していたらしく、総合病院で男の子を出産したが、これからどうしたらいいのかわからない……」

男性の妻は、夫婦不和により家出したままで所在は不明。出産をした嘉子さんを筆頭に、下に何人かの弟たちがいる父子家庭でした。住まいは借家で、生活保護を受給しながら暮らしているという状態でした。

父親である男性は、娘の妊娠にまったく気がつかなかったので、「腹痛」という訴えに対応した救急隊員は、まず内科に搬送したそうです。ところが、診察した医師は、「胎児の頭が見えてきている」と告げ、慌てて産婦人科病棟へ転送されて、まもなく男児を出産したということでした。

電話先で父親は、予期しない「初孫」の誕生にうろたえながら、「家に引き取っても、とても育てられません」と訴えていました。

そこで私が、「養子縁組を前提として赤ちゃんを里親に委託する方法があります」と伝えたところ、「ぜひそうしてほしい。入院している娘にも説明をしてください」と依頼されて、その翌日の朝に産婦人科病棟を訪ねました。

病院のフロアは、妊婦さんや赤ちゃんを抱いたお母さんたちで混雑していました。大人の男性は私だけです。

私は最初、児童相談所の職員であることを周囲に知られるのを避けるために、看護師長さんに小声で、「出産した嘉子さんのことで、他の方々に聞こえないところでお話をしたい」と申し出ました。中学生の出産であることが周囲に漏《も》れないようにするためです。

すると、看護師長さんは、とても険しい表情になりました。そこを拝み倒して、なんとか人目に触れない場所に移動したところで名刺をお渡しし、児童相談所の児童福祉司であると名乗り、ここに来た目的を話しました。

するとと、看護師長さんは、「なんだ、あんたは赤ちゃんの父親じゃなかったのかね」と言うのです。どうやら私のことを、中学生を妊娠させてしまったけしからん男だと誤解していたようです。

この病院では、事情に配慮して、嘉子さんを個室に入院させていました。病室で看護師長さんにも立ち会ってもらって、「赤ちゃんを自分で育てたい気持ちがありますか」とまず尋ねてみたところ、「その気はまったくありません」と、表情を変えずに淡々と答えました。

私は嘉子さんに、「里親委託、養子縁組という方法があります」という説明をしました。すると、それまで伏し目がちであった彼女はすっと顔を上げて、「そういうことができるなら、お願いをしたい」という返事をしました。

その後に彼女の父親とも面談をして、相手の男性のことについて尋ねました。父親と友人関係にある複数の男性が、彼が留守中にも家に出入りしていたという実態があり、結局は誰が赤ちゃんの父親なのかはわかりません。レイプ被害の訴えもなく、司法的な対処策もありませんでした。

産みの女性が抱えるさまざまな事情

このような、予期せぬ妊娠をした女性に対して、さまざまなご意見があるかと思います。一部には「ふしだらな女性なのでは」と、眉《まゆ》をひそめる方もいらっしゃるでしょう。しかし、そのような偏見が、結果的に彼女たちへのサポートが行き届かなくなり、予防策を講じる手立てを狭めている要因となっています。

当然ながら、妊娠に至るには相手の男性が存在するわけですから、女性だけの責任ではありません。ましてや、中学生の嘉子さんの場合は、周りの大人の責任以外の何ものでもありません。

産みの女性たちが抱える事情とは、性知識の不足による若年妊娠というケースの他に、「婚約者に裏切られた」「結婚詐欺」、あるいは「レイプ被害」「近親姦《かん》」のような過酷な事情もあります。私のケースでは、「暴力団員の夫の受刑中に、別の男性と関係を持ったことによる妊娠」という状況の方もいました。夫が出所してきたとき、母子の命は保証できないというほど、せっぱつまった事情でした。

一方で、男性の側を見ると、妊娠させた相手が明らかでない場合も多いですし、相手の男性が誰なのかが明らかであったとしても、本人は逃げてしまった……という場合がほとんどです。周囲に咎《とが》められ、身も心も苦しまなくてはならないのは、いつも女性の側なのです。

そして、予期せぬ妊娠に至ったときもそうですが、実際に出産してからも、「事情があっても、出産したら自分で育てるべきだ」と、責め立てられるのは産みの女性たちだけで、妊娠させた男性たちが等しく責任を追及された例は、ほとんどありません。

慈恵病院の『こうのとりのゆりかご』に対しても、未だに「自分が産んだ赤ちゃんを置き去りにするとは何事だ」という世間の声はあります。

産んでも育てることができないという事情は、若年出産であったり、経済的に困窮していたり、暴力による妊娠であったり、とさまざまです。それなのに、どんな事情があろうと、産みの女性一人に責任を押し付けています。また、「女性は産んで母親になったのなら、子どもに対する愛情が湧き、離れがたいはず」と主張される方も少なくありません。

「出産した女性は、すべからく母性に満ちていてほしい」というお気持ちはわかります。幸いなことに、多くの方は、この理想にたがわぬ愛情を注いで育児をしておられるでしょう。

しかしながら、その愛情よりも「過酷な事情」の方が上回るケースもある。「産んだら愛情を持って育てるべきだ」という精神論を闘わせている間に、失われてしまうものがあります。私たちはまず、そのことを見据《みす》えなくてはなりません。
失われてしまうもの——それは、赤ちゃんの命です。

虐待死の多くは0歳0カ月0日の赤ちゃん

今、児童相談所は「児童虐待問題の対応に追われている」ということはご存じだと思います。「泣き止まない赤ちゃんを揺さぶって脳に障がいを与えた」「幼児が不審なケガをして、病院が警察に通報した」というようなニュースを耳にしない日はないというくらいです。中には命を落とす子もおり、心を痛めている方も多いでしょう。

平成26年3月の厚生労働省の報告によりますと、全国の児童相談所における児童虐待に関する相談件数は、児童虐待防止法施行前の平成11年度に比べ、平成24年度には約6倍に増加しました。

この児童虐待について、衝撃的な事実があります。

それは、児童虐待により死に至るケースで一番多いのが、「0歳0カ月0日の赤ちゃんである」ということです。

国の社会保障審議会児童部会児童虐待等要保護事例の検証に関する専門委員会の報告によ

ります と、平成16年度から平成23年度までの8年間で、心中以外の子どもの虐待死事案総数は437人。このうちの4割強は、0歳の赤ちゃんでした。

その月齢を見ると、約半数が生後0カ月の新生児です。さらに細かく見ると、0カ月の赤ちゃんの85%が、産まれたその日に殺されています。

しかも、加害者の9割は、その子を産み落としたお母さん。産まれてきてすぐに、産みの親によって命を奪われてしまう赤ちゃんが、こんなにもいるのです。

このような行為に至った母親を、「残酷で無責任だ」と断罪することは、ある意味で簡単です。しかし、どこにも相談することができず、ここまで追い込まれてしまった女性のことを想像してみてください。

殺害という最悪の事態はまぬがれたとしても、病院や施設の前、公園などに置き去りにされたり、病院で出産後に何も告げずにそのまま立ち去る、いわゆる捨て子、置き去り赤ちゃんもいます。

私が新聞報道などから調べたところ、2013年1月〜12月に起きた赤ちゃんの放置事件の中で、残念ながら死亡したケースは、次の記事の通り、男児8件、女児2件、性別不詳1件の合計11人でした。

◇2013・1・15［読売新聞］保育士、自宅で産んだ乳児の遺体を部屋に遺棄
◇2013・2・28［産経新聞］海岸に乳児の遺体　死体遺棄容疑で捜査
◇2013・5・11［毎日新聞］札幌の乳児遺体、自宅に隠した22歳母親を逮捕
◇2013・6・23［産経新聞］畑に女児の遺体　裸でへその緒がついたまま
◇2013・7・11［福岡放送］川に男の子の赤ちゃん遺体
◇2013・7・16［毎日新聞］野球場に生後間もない男児の遺体、17歳少女逮捕
◇2013・8・9［東奥日報］青森市の船だまりに性別不詳の乳児の遺体
◇2013・10・24［毎日新聞］神戸市のコインロッカーに生後間もない男児の遺体
◇2013・11・1［毎日新聞］彦根市の空き家にへその緒がついた女児の遺体
◇2013・12・12［毎日新聞］加古川市、住宅トイレに生後間もない男児の遺体
◇2013・12・20［FNN］千葉の公園に生後間もない男児の遺体

なお、赤ちゃんが生存していて保護されたのは、男児4人、女児3人の計7人ですが、対応した児童相談所名や場所、日時などの情報は、関係者に支障がありますから、明記を省略

します。

このような報道を見るたびに、本当に心が痛みます。実際の件数は、もっと多いでしょう。報道されていない、発覚していない事件が少なくないだろうと想像できるからです。

辛い目に遭《あ》った赤ちゃんと、そうせざるを得なかった母親のことを思うと、解決策を提示してあげられなかったことが本当に悔やまれます。

予期せぬ妊娠をして困った女性が、絶望的にならずに済むように、妊娠中から向き合ってあげて、産まれてくる子どもたちの将来をどう支えていけばよいかを話し合うというサポートが急務です。日本では、熊本の慈恵病院や各地の民間団体にまかせきりという状態ではないでしょうか。全国に配置された児童相談所にその窓口を設ける必要があります。

過酷な状況の中で、子どもの命を奪ってしまった母親に、相談サポートの手がさしのべられ、特別養子縁組という方法があるということを伝えることができたならば……。防ぐことができた事件は、多かったはずなのです。

匿名での相談の大切さ――それで守れる命がある

私がもっとも注目しているのは、厚生労働省によって出された、画期的な通知文です。

> ◇平成23年7月27日付、厚生労働省雇用均等・児童家庭局、総務課長、家庭福祉課長、母子保健課長の連名による各都道府県等宛ての通知
> 「妊娠期からの妊娠・出産・子育て等に係る相談体制等の整備について」より（一部抜粋）
> ・相談者が匿名を希望した場合であっても相談に十分応じること。
> ・養育できない・養育しないという保護者の意向が明確な新生児については、妊娠中からの相談を含め、出産した病院から直接里親の家庭へ委託する特別養子縁組を前提とした委託の方法が有用である。

相談者が「匿名」を希望した場合であっても相談に応じるように通知された、ということは、全国の児童相談所などが、『こうのとりのゆりかご』と同様の赤ちゃんの保護体制を確

立しておきなさい、と指示されたことを意味しています。

10年以上も児童相談所で仕事をしているような職員でしたら、若い女性が、抱いてきた生後間もない赤ちゃんを差し出して、「何も事情を聞かずに、この子を預かってください」と、必死の表情で頼んでくる、というような相談場面に出会った経験のある人も多いと思います。

私なら、このような場合には、相談受付表の住所や氏名は空白のまま受け取ります。もしも形式的に、「すべて記入していないと受け付けません」などと伝えたら、「もう結構です。あきらめます」と言って、赤ちゃんを抱いて立ち去ってしまうに違いないからです。

涙も涸《か》れ果てたような女性の、その思い詰めた表情から、母子心中か嬰児《えいじ》殺しの危険性を読み取るのが、真のプロのソーシャルワーカーです。

かといって、「はい。そうですか、どうぞ、お預かりします」などと受け取れば、切迫したその場面の状況が理解できない所長たちから、厳しく責任を追及されることでしょう。

そこで工夫するのは、「安全に」置き去りにされる状況を設定することです。

通常、児童相談所には、相談待合室があり、ベビーベッドも用意されています。

「おむつは、ここで替えればいいですよ」「ミルクに必要なお湯は、湯沸かし場を利用してくださいね」などと指示して、「上司と相談してきますから、しばらく待っていてください」

と、30分ほど、空白時間を作ります。

ただし、おむつ替えのときに、すばやく、熱湯によるヤケド痕《あと》や打撲痕など、虐待を疑うようなキズの有無を見抜く努力はしなければなりませんが、おむつかぶれなど、未熟な育児対応による疾患は、無理もないものと判断します。

そうして空白時間の後、戻った待合室で、置き去り赤ちゃんを発見した後は、不注意の叱責を受けて、上司に謝りながら、「赤ちゃんの命を守ることができた」と自分を慰《なぐさ》めましょう。

もちろん、児童相談所の中で、赤ちゃんを「安全」に保護していますから、保護責任者遺棄罪を構成しません。

出自と命と、どちらが大事か

厚生労働省は5年ごとに、全国の児童養護施設などの入所児童の数を調査して発表しています。

平成20年2月1日現在で調査した乳児院に関する統計では、全国の乳児院に保護されている児童数は、３２９９人。このうち、入所時の保護者の状況別として、両親ともいない＝68人、両親とも不明＝65人、不詳＝２３１人、これらの合計＝３６４人、となっています。

実に、入所児童数の約11%、10人に1人の赤ちゃんは、親不在の状況にあることが示されていました。平成25年2月1日現在で調査した結果も、平成26年度中には発表されるはずです。このうちの乳児院に関する統計数値で、親不在の状況に関する数値は、5年前と比較して、大差はないだろうと推定しています。

この親不在の数値の中には、先に記したような「暗黙の相談対応」で赤ちゃんたちの命を救った例が、少なからず混在しているのではないかと、自分自身の十年余の相談体験を通して、私は推定しています。

亡き菊田昇先生が主張した「実子特例法」の本旨には、母親の身元追求を手控えさせて「匿名で保護」できる目的が託されていたことを思い起こしてください。

しかしながら、平成24年3月、熊本市による『こうのとりのゆりかご』検証報告では、「自らの出自を知る権利は保障されなければならず、子どもの身元がわからない事態は避けなければならない」「身元がわからないまま預けられた子どもにとって、たとえ養育の環境が十分に整えられ、実親に育てられた場合よりもその子にとって幸福であったとされる場合でも、それをもって、自らの出自を知る権利が阻害されていることへの代償とはならない」と断定されていました。これを読んで、私は唖然《あぜん》としました。

菊田医師が、産みの親の身元を秘匿《ひとく》するために虚偽の出産証明書を作成してまでも、母子の命を救おうとしたその真意が、今もって理解されていないことを証明しています。

全国各地の児童相談所は、管内で嬰児《えいじ》の遺棄死体が発見されたときは、相談対応で見落としがなかったか、ぜひ「検証」することを強く願っています。

産みの親も、育ての親も幸せにする

さて、女子中学生の出産と養子縁組の話に戻ります。

嘉子さんの養子縁組の意思を確認した私は、30代の山下昭夫さん、和子さん夫妻を養親候補として思い浮かべました。山下ご夫妻は、不妊治療に見切りをつけて、児童相談所で里親登録をなさっていた方です。経済的にも安定したご家庭であり、私が示した養親としての厳しい条件の「誓約書」にも署名を済ませていました。

私は山下さんご夫妻に電話をして、「今、産まれたばかりのお子さんがいます。未婚の若い女性が出産し、養子縁組をご希望です」と切り出しました。山下夫妻は突然の「朗報」に驚かれつつ、「ぜひ赤ちゃんを授けてください」というご返事でした。

そして翌日、山下夫妻はこの病棟を訪れました。看護師長さんに抱かれた、生後数日を過ぎたばかりの赤ちゃんと、感動の初対面を果たしたのです。

山下さん夫妻は赤ちゃんに「ヒサオ」という名前をつけることを希望されていました。嘉子さんはそれを承諾し、自分が提出する出生届にその名前を記入しました。山下夫妻は自分たちが名付け親になることができて、とても喜んでいました。

和子さんはこの日からさっそく、病院で育児トレーニングを始めました。赤ちゃんと一緒に入院して、調乳、沐浴、おむつの交換などを看護師長さんに指導してもらいながら行ないます。誰しも初めての育児は大変なものですが、和子さんも、時にとまどいつつも、病院で看護師や助産師のサポートを受けながら、ヒサオくんとの一日一日を積み重ねていきました。

そして1週間後、赤ちゃんの発育も育児トレーニングも順調に進み、担当医師から退院の許可が出され、山下夫妻はヒサオくんを大事に抱きかかえて、自宅に戻っていきました。

山下夫妻は、当時はまだ特別養子縁組の制度がなかったため、普通養子縁組によって、ヒサオくんを養子に迎えて共に暮らしていました。その後の民法改正によって、特別養子縁組制度ができましたので、それに基づいて、経過措置として家庭裁判所が認めていた「転換養子」の手続きを行ないました。これによって戸籍の続柄の「養子」という記載文字が「長男」に変更されました。山下夫妻は「やっと戸籍上も親子になれました」と大喜びなさっていました。

気持ちに区切りをつけて――産みの親も再出発できる

一方、嘉子さんの方はといいますと、赤ちゃんを出産した直後は、しばらく養生をしなければなりません。そこで、どこで過ごすかということを検討しました。

中学校の教師や生徒たちの動揺やいじめを憂慮して、出産の事実は伏せることにしました。そのためすぐに地元に戻ることは避け、「不登校状態への心理治療を行なうため」として、電車で1時間ほどの距離にある児童福祉施設に短期入所をはかりました。

出産をしたという実情については、施設長と看護担当の方にのみお伝えし、健康管理に十分注意をしてほしいとお願いしました。

嘉子さんは栄養面に配慮された食事と規則正しい生活によって、体力も順調に回復していきました。施設では、勉強の遅れを取り戻すために個別の学習指導をしてくれたおかげで、学力面も向上しました。そして、中学3年の4月から元の中学校に復学し、無事に卒業することができました。

施設では年配の看護師さんが、嘉子さんの母親代わりのように気配りをしてくださいました。父子家庭の長女として育った嘉子さんは、辛い暮らしをしていましたので、このときの看護師さんが、母親代わりともいえる大きな支えになったということです。看護師さんはその後も、嘉子さんとの手紙のやり取りを通して、彼女を励ましてくれていたことを後日知りました。

自分で産んだ赤ちゃんを育てられないことに自責の念を抱いていたり、これから先の人生がどうなってしまうかと不安に駆られていた産みの親も、育ての親がその子をとても喜んで迎えてくれているということを知ることで、その気持ちに区切りをつけることができます。また、出産の前後にさまざまな方からサポートを得たということに、感謝の気持ちを持つ女性も多いのです。そしてこの経験を支えにして、新しい人生をスタートさせることができるのです。

養子に対する日本人の考え方の変遷

嘉子さんと山下夫妻のご縁があったのは、特別養子縁組制度ができる前後の頃のことです。先ほども述べましたが、１９８７年に特別養子縁組の制度ができましたが、現在では約４万

7000人の要保護児童のうち、特別養子縁組の成立件数は、年間300〜400件しかありません。

一方、「養子大国」とも呼ばれるアメリカでは、年間におよそ6万人の要保護児童が養子縁組によって新しい家庭を得ています（森口千晶「日本はなぜ『子ども養子小国』なのか」『新たなリスクと社会保障』東京大学出版会）。養子縁組で親子になるということが、まったく珍しくないのです。

日本で特別養子縁組が広まらない理由の一つに、「血縁に対する考え方の違い」があると思います。日本では「血がつながっている我が子」を育てることに、強いこだわりを持っている人が多いのではないでしょうか。

しかしながら、過去を振り返ってみますと、そのこだわりは古来より受け継がれてきたものではなさそうです。戦前、そして戦後しばらくの日本では、産みの親でない大人が子どもを我が子として育てることが、現在ほど珍しくはありませんでした。

かつての日本では、家長制度に基づいて、「家を継ぐ」ことが重視されていたことが大きな理由です。家系存続のために、養子を迎えるということに抵抗感は薄かったのです。

また、現代では地域のつながりが失われてしまったといわれますが、それがまだ残っていた時代は、子育ても地域社会の中で行なわれていて、「他人の子どもを育てる」という文化もそこにありました。良い意味での「ムラ社会」構造です。

しかし、高度成長期に入り、日本が経済成長を果たしていくと同時に、都市に若者たちの人口が集中して、核家族化が進み、地域の基盤は大きく揺らいできました。かつてあった、子どもをお互いに助け合いつつ育てる地域のつながりは、以前より薄れてきました。

日本人が養子縁組をどう捉えてきたかについて、30年来日本の家族を研究されてきた、お茶の水女子大学名誉教授の湯沢雍彦《ゆざわやすひこ》先生は、「養子縁組を秘め事として隠すようになる傾向、家族が内にこもっていく傾向というのは、むしろ戦後の核家族化の中で進んできたことで、日本古来の考え方ではない」と述べておられます。

核家族になり、地域のつながりが失われたことで、「自分の子ども」「自分の家族」というこだわりも強くなり、養子縁組が敷居の高いことになっていったようです。

少し話が逸《そ》れますが、核家族化という時代の流れに伴って、家庭内暴力、不登校や、引きこもりなどの家族問題が顕在化したという面もあります。

私も児童相談所の職員として、長年こうした家族問題の相談・カウンセリングの仕事をしてきましたので、「内にこもる家族、病める家族」の実態を見てきました。

地域によっては、かつてあった「地域で子育てをサポートする」状況を取り戻そうとする動きもあると思います。こうしたことを踏まえて、これからの新しい家族のあり方を考えていくとき、養子縁組で作られる家族を誰もがオープンに捉えていくことは、当の子どもや家族にとってはもちろん、社会全体のメリットになるのではと考えています。

不妊治療で加速する血縁へのこだわり

現在の日本で、血縁へのこだわりが増したもう一つの理由として、生殖医療技術が進歩したことも挙げられると思います。不妊治療が広まることによって、妊娠が難しそうな状況でも、「できれば血のつながった我が子を産み、育てたい」という思いをいっそう強くしている方も多いと感じます。

しかしながら、現代の生活習慣や晩婚化などの影響で、不妊と診断されるケースは増えているといわれています。また、不妊の原因について、女性側の不調に目が行きがちですが、近年の調査では、世界的に男性の精子数が減少しているということも発表されています。

問題は、治療を始めるときに期待するほど、成功率は高くないということ。長引く不妊治療によって、心身共に疲弊してしまう方が多いのが現状です。高額の治療費を、もうそれ以上払うことができないというところまで頑張って、泣く泣く治療をあきらめたという方も少なくありません。

また、治療が功を奏して妊娠なさった方の中には、妊娠そのものがゴールであるかのように思えていたという方もおり、不妊治療という闘いで燃え尽きてしまって、そこから先の子育てへのエネルギーが尽きてしまうような問題もあると聞いています。

不妊治療はやめどきが難しい、とはよくいわれます。かといって、私が口出しできるような問題ではないかもしれませんが、もし頑張りすぎて、周囲が見えなくなっているような状況であれば、いったん少し立ち止まって、「なぜ子どもが欲しいのか」ということを、今いちど考えてみることも大切ではないかなと思います。

不妊治療に望みをつないでいる方に、「養子縁組という道がありますよ」という情報を伝えるのは、デリケートな面が多々あると思います。「今、妊娠するために頑張っているところに、あきらめるような話は聞きたくない」という思いを抱く方もいらっしゃるかもしれないからです。

でも、同じ「子どもが欲しい」という方の中にも、家意識や血縁にこだわらず、「私たちも子育てを体験したい」という願いから、明るくオープンに「我が子」を迎え入れている方々が増えているのも事実です。ですからそのことはぜひ、お伝えしておきたいと思っています。

児童相談所は第1ボタンのかけ違いをしている

若い子育て世代を中心に、養子に対して偏見のない、オープンな考え方がスタンダードになっていけば、行政を中心とした社会の枠組みも変化していくのではないかと、そんな期待を私はしています。

「養子はかわいそう」ではないのです。たしかに、産みの親が育てられなかったということは、残念なことではあります。

ただし、その子が「かわいそう」になってしまうかどうかは、その後の私たち大人の考え方、社会のあり方次第です。

育ての親になりたいと、児童相談所で里親登録をしている夫婦のうち、約7〜8割は特別養子縁組で子どもを迎えることを希望しているともいわれています。この中には、やはり「跡継ぎが欲しい」というような、大人の都合で養子縁組を希望している人もいらっしゃるでしょう。

しかし、これだけの分母があれば、私が期待している「子どもの権利」を優先する形での縁組をしてくださる方も、確実にいらっしゃいます。

一方で、児童相談所では、親が育てられない赤ちゃんを、産院から乳児院へ送る措置を行ない続けている、というのが現状です。日本の社会的養護が、「パーマネンシー・ケア」の思想を欠落させているのは、まずこの初期処遇に誤りがあるからではないでしょうか。今の児童相談所のやり方は、「第1ボタンのかけ違い」をして、子どもを不遇な状況に押しとどめていると言わざるを得ません。

私は、特別養子縁組で育ての親になることが、けっして「特別」なことではなく、ごく普通の選択肢の一つになるよう社会が変容していくことを、切に望んでいます。

養子に対する偏見のない社会にしていくことが、本当の意味で子どもの利益になる社会的養護を実現する土壌である、と考えているからです。

第2章　なぜ私は「赤ちゃん縁組」を始めたのか

やりきれない戦時中の記憶から――児童福祉の「職人」を目指す

私は昭和29年に公務員として愛知県に採用され、昭和55年4月から定年退職する平成6年3月まで、愛知県内の児童相談所で、児童福祉司などの業務に従事していました。

在職中に社会福祉士の資格を取得し、退職後は、大学の非常勤講師やNPOの役員などを務め、その後は社会福祉士・ソーシャルワーカーとして、里親さんたちからご相談を受ける、無報酬の「社会福祉士相談室」を主宰しています。

子どもの頃にあこがれていた職業は、大工さんでした。魔法のようなカンナ削りに見とれていたことを覚えています。

後年になって知ったのは、大工さんが棟梁《とうりよう》と呼ばれるようになるまでに、とてつもなく長い下積み期間があるということ。朝は兄弟子たちよりも早く起き、夜は皆が寝たあとまで道具の手入れと使い方の修得に励み、棟梁や先輩たちの仕事ぶりを休みなく近くで見聞きし、失敗を重ねつつも腕を磨くということです。

江戸時代からの「職人」という呼び名には、こうした熟練者への敬意が込められているように思います。現代ならば「専門職者」のことを指すのでしょう。

私も、人生の後半にめぐりあった児童福祉司という仕事で、「職人」を心がけたものの、未熟なまま定年を迎えてしまいました。幸い、退職後も社会福祉士として社会活動を続けることができており、80歳となりました今も、「職人」生活を継続することができています。

この章では、なぜ私が赤ちゃん縁組を始めたのかということ、そして実際にどのような取り組みをしてきたか、という話を通して、児童相談所のことや要保護児童の実態について理解していただけたらと思います。

なぜこの取り組みを始めたのか、ということをあらためて振り返ると、「気がついたらそう行動していた」としか言いようがないのですが、その源泉までたどろうとすると、戦時中の記憶にゆきあたります。

その記憶とは、「大人の勝手な都合、強者の権力によって、理不尽な運命を強《し》いられていた、弱く小さい者たちの姿の記憶」です。

これがもし、創業社長の一代記の「事業立ち上げの動機」であれば、その語りには希望に満ちた前向きな言葉が連なることでしょう。しかし、私がこの「なぜ」という問いに答えるなら、「やりきれない、本当にやりきれなかったから……」というのが正直な気持ちです。

つまり「黙って見過ごすことが、とてもできなかったから」なのです。

前例踏襲《とうしゅう》を最優先するような役所の仕事の中には、改善したいものが山ほどありました。特に、上から目線で、人を物のように取り扱う上司や同僚たちには、強い違和感がありました。

「福祉業務は住民本位の仕事で……」と発言したときには、上司から「おまえはアカか！」と詰問され、苦笑するしかありませんでした。

定年退職時には、「愛知県の三悪人のひとり」といわれたほどの悪名高き公務員でした。上司にとっては、私は常に、目障《めざわ》りな存在であったと思います。

当然、我が道を行く好き勝手な行動ばかりした報いで、昇進や昇格は、同期の中では鈍行列車の常連でしたから、およそ表彰などとは無縁で退職しました。

それだけに、退職してわずか2年後の平成8年12月に、名古屋弁護士会から『人権賞』を授与する」との連絡があったときには、「まさか」と耳を疑いました。

「施設で生活している子どもたちに家庭を提供する里親制度を実践し、CAPNA《キャプナ》（※後述）の創設など、子どもの人権を守り育てるための活動を評価して」という、会長からの身に余るお言葉には、かつての三悪人のひとりとしては、穴があったら入りたいような気持ちでした。

このような人間の私ごとですが、どうかしばしおつきあいください。

マンチュリー時代の大家の娘・ソーニャに子守をされ抱かれる著者（1937年頃）。白系ロシア人のソーニャとは52年後に再会

日本酒が嫌いになった理由

1934年（昭和9年）、元満州と呼ばれた中国の東北部、シベリア鉄道の分岐点の、国境の都市マンチュリー市で私は生まれました。

当時、父は国境警察隊の隊員でした。その父の転勤で、2歳過ぎに、関東軍の要塞都市・ハイラル市（現在はホロンバイル市）に転居いたしました。

ハイラル市は、厚い鉄筋コンクリート壁に囲まれ、最大3万人は収容できたという、大陸でも屈指の要塞都市。父は、「ここは要塞に守られているから安心だ」と常々言っておりました。食料も内地より豊富でした。万が一、旧ソ連が攻めてきても、そこで迎え撃つことができるような演習も行なわれていましたが、今思えば机上作戦のようなものでした。

父はハイラルへ移ってからしばらく経った40代後半のときに退職して、民間人となり、現地の中国人を雇用して、主に軍関係の物資輸送を請け負う仕事をしていました。

旧満州は、日本軍の南方作戦を支えた兵士供給基地でもありました。ハイラル市には内地で召集された兵士たちが駐屯しており、ここで訓練を受けた後、戦況の厳しい南方に派遣されていくことになりました。

父は長野県の出身でしたから、郷里の方から兵士がやってきたという噂を聞くと、今の日曜日のような休暇日に、我が家に彼らを招いてお酒やご馳走《ちそう》をふるまっていました。招くのは、ほとんど下っぱの兵隊さんばかり。上官にしごかれながら苦労をしている彼らを労《ねぎら》いたかったのでしょう。

やがて、戦況が悪化するにつれて、内地で召集されてハイラルに派遣されてくる兵士たちの年齢が上がっていきました。戦争で若い兵士たちが、次々と亡くなられたのでしょう。30代、そして40代くらいの兵士までやってくるようになりました。

その頃、私は、小学校の中学年でした。父から誘いを受けて我が家にやってきた彼らは、酔っ払うと決まって私たちきょうだいを追いかけ、そして抱きしめるのでした。すると、お酒くさい息がかかります。

日本酒を飲んだ人独特の、柿が熟したような酸っぱいにおい。ヒゲが頬《ほお》に当たりチクチクして痛い。もちろん、彼らは可愛がりたいだけなのですが、私はそれが嫌で嫌で、いつも逃げ回っていました。もっと小さい弟妹たちが彼らにつかまって、いつまでも頬ずりをされていたものです。

後になってみて、彼らの心情が痛いほどわかりました。40代ともなれば、日本に同じくらいの子どもを残してきているわけです。ハイラルを経て厳しい南方地域への派遣を命じられれば、もう二度と郷里には生きて帰れない——そんな切ない思いを抱えていたはずです。だから、我が子のことを思い浮かべて、私たちを抱きしめていたのでしょう。

子どもだった私は、そんな心情を察することはできませんでした。ただ、そのにおいの記憶は、はっきりと残っていて、そのせいで、私は今でも熟した柿は食べることができませんし、日本酒を飲みません。焼酎なら飲めますので、体質的にお酒が飲めないということではなく、「日本酒」には、「不条理な日本の軍隊」の記憶が重なるからなのだと思います。

そして、兵士から逃げ回った自分のことを思い出すと、罪の意識に駆《か》られてしまいます。なぜ私は、兵士たちが我が子の面影《おもかげ》をしのぶ助けをしてあげられなかったのだろう。もう子どもには会えないと思っていた彼らは、その多くが、故国の土を再び踏むこともなく、戦地に散ってしまいました。

どこへ向けていいかわからない憤り、押しつぶされそうな罪悪感。五感の中でもにおいは記憶と直結しているといいますが、日本酒のにおいを嗅《か》ぐと、この二重の辛さがよみがえり、いたたまれなくなってしまうのです。

小学5年生で学徒動員に駆り出され

戦局の悪化で20代の兵隊が減り、40歳代までが兵隊に召集されていたとお話ししましたが、その下の世代である10代の子どもたちも例外ではありませんでした。

当時は15歳から18歳ぐらいまでの少年で「満蒙開拓青少年義勇軍」が組織され、少年たちは内地の訓練所を経て満州へ送られ、「満州開拓青年訓練所」にて3年間、軍事訓練を受けた後、各地へ開拓移民として配属されていました。

まだ国民学校の小学生だった私たちは、『月月火水木金金』のような軍歌を威勢よく歌いながら、予科練にあこがれ、「いずれは自分も特攻隊に行くのは当然のこと」だと思っていました。当時の軍国教育に、それはもう見事に洗脳されていたのです。

実際に、国民学校5年生のときから学徒動員の走りのようなことをやらされました。当時住んでいたハイラル市の東方に、大興安嶺《だいこうあんれい》という大きな山脈があります。狼や虎も棲《す》むという密林地帯に分け入り、白樺の木を見つけてはその皮を剥《は》いで、供出する作業に駆り出されたのです。

その目的は、白樺の皮から油を採るためです。白樺の皮を集めて蒸して、蒸留水を除き、その中から油を浮かせてかき集める。その油を使って戦闘機を飛ばすという作戦の一環です。

私たちは、食料がなくなれば野草を茹《ゆ》でて食べるような軍隊式の生活をしながら、懸命に白樺の皮を剥ぎ取って運び出しました。戦時中は石油が輸入できませんでしたから、内地でも、松を掘り起こして松根油《しょうこんゆ》を採るというような作業が、あちこちで行なわれていたのです。

でも、そんなことをしても、大量の油なんか採れるはずはありません。私たちが運び出した白樺の皮も、結局は貨物列車の駅に野ざらしになったまま敗戦を迎えたようでした。思いつきといいますか、あまりにも無茶苦茶な作戦に、多くの日本人は翻弄《ほんろう》されていたものだと思います。

当時の国民学校の先生は、軍隊から要請があれば、それを名誉と受け止め、男児たちを軍事教練を行なう厳しい状況に置いたのです。興安嶺できつい思いをしたおかげで、貧乏には強くなったとは思いますが、そのとき、もし1カ月ほど遅れて山中に居たら、私たち全員の命はなかったでしょう。

1945年（昭和20年）の8月9日、突如として、旧ソ連軍の侵攻が始まったからです。

幼い子どもから次々と死んでいく

当時、旧満州には、約155万人の日本人が住んでいましたが、男たちは即日、軍隊に召集されて家族と引き離され、ハイラルなど北満地区の女性と子どもたちは、旧ソ連軍の襲撃から逃れて、日本に近い東南方面に避難を開始しました。

戦車とともに迫る旧ソ連軍の追跡から決死の避難をする中で、手持ちの食料も尽き、せめて子どもたちだけは生き残れるようにと、血の涙を流す思いで我が子を現地の中国人たちに預けた母親たち。その子どもたちが「中国残留孤児」です。他方で、60万人とも70万人ともいわれる日本兵が、シベリアへ抑留されました。

日本への引き揚げは困難を極め、多数の犠牲者を出しました。私は辛《から》くも命をとりとめて日本へ帰り着くことができたとはいえ、引き揚げ途中でいくつもの衝撃的な体験をすることになってしまいました。

旧ソ連軍の侵攻直後から、ハイラル市は早朝から激しい爆撃を受けました。父は人家を離れたハイラル東部の草原地帯へと、家族を避難させました。

とりあえずの食べ物と水を詰めたリュックサックを背負っての出発です。そのとき母は、末の弟（六男）を妊娠中で、大きなお腹をしていました。1歳過ぎの弟（五男）を背負った母を気遣《きづか》いながら、小5の私（二男）を頭に、小3の弟（三男）、小1の妹（長女）、4歳の弟（四男）、みんな必死で歩きました。幼い弟が「歩けない」とぐずったとき、「歩かないと置いていくよ」と、鬼の形相《ぎょうそう》で叱りつけた母の顔は今も忘れません。

そこへ通りかかった荷馬車があり、偶然、御者は父の部下でした。母の顔も知っており、私たち母子5人を乗せてくださり、その先の東ハイラル駅へと運んでくれました。

駅には運良く貨物列車が停まっており、母と私たちは列車に乗り込み、南方のチチハル市に逃れました。

いったん父とは離れてしまいましたが、チチハル市の中学校には一番上の兄（長男）がおり、その寄宿舎にたどり着いて身を寄せていたところ、50歳近い年齢のため軍隊の召集から除外されてハイラルから脱出できた父も、最終の貨物列車でチチハルに到着しました。

チチハルでは、父と同業の運送会社の独身寮に収容してもらえることになり、10月になって母もなんとか出産できました。しかし、避難生活の中で乳児を育てることは、とても困難でした。

北の方から避難してきた人たちは、冷たい床の体育館のようなところで寝泊まりしていましたので、冬の寒さが厳しくなるにつれて、次々と亡くなります。部屋の中で暮らせていた家族であっても、食料が乏しいため栄養失調を起こし、やはり赤ちゃんや幼児から死んでいきました。

亡骸《なきがら》を葬《ほうむ》ってあげたいと思っても、冬期は土が硬い氷で覆《おお》われていて、埋めてあげることができません。

末の弟は、こうした過酷な環境の中で誕生しましたが、幸いに母親の乳がよく出たので、生き延びることができました。周囲の状況を考えると、奇跡的ともいえます。今でも兄弟が集まると、末の弟に、「お前は普通に考えたら、生きて帰ってこられる状況じゃなかったよ」と話をするものです。

同級生の母親が子どもの目の前で……

当時、私のクラスメイトであった5年生の雅子さんも、満州南方の避難所で、衝撃的な体験をされました。

雅子さんの父親は軍医でしたから、旧ソ連軍と対戦している前線に出動し、わずか11歳である長女の雅子さんが、病弱な母親と弟たちを守って、南方都市に逃れて避難生活をしていました。

母乳が出ないため、末弟の赤ちゃんが最初に亡くなります。わずかな配給食糧を幼い子どもたちに食べさせ、日増しに衰弱していった母親は、ついに寝たきりで腕も動かせない状態になってしまいました。

雅子さんは母親から「リュックの中にお母さんのお薬があるから、それを飲ませてちょうだい」と頼まれて、白い粉薬を口に入れました。

それは青酸カリでした。

目の前で絶命していく母親を、呆然《ぼうぜん》と見守るしかない雅子さん――。

日本への帰国が開始されたのは、それからしばらく後のことでした。その間には、親を失った日本人の子どもを欲しいという中国人から目をつけられたこともありましたが、雅子さんは必死になって抵抗し、弟や自分の身を守りました。そして、母親が残していったメモを手がかりにして、弟を連れて父母の郷里にたどり着くことができたということです。

私が雅子さんから、避難所での辛い体験を聞いたのは、戦後しばらく経って、お互いに結婚もして落ち着いた頃です。子ども時代を過ごした元満州の国民学校同窓会に出席したときに、初めて語ってくれました。

他にも、広い大陸の大地で、親やきょうだいと死別した同級生たちは少なくありません。久しぶりの再会の席で、そんな辛い体験を打ち明け合ったときには、お互いに声もなく涙を流して、ただただ、手を握り合うのみでした。

戦争がもたらしたもの——戦後の日本の実態とは

数少なくなってきた戦争体験者として、この場を借りてもう少しお話をさせてください。

旧ソ連軍の侵攻時に、現地で召集された人は、「爆薬を抱えて敵の戦車に体当たりする特攻を我々に命じた上官は、安全な陣地の中で、昼間から酒を飲んで怒鳴《どな》ってばかりいた」と証言しました。旧ソ連経由で帰国した軍人の中には、戦犯扱いされた人もいたかもしれませんが、ほとんどの職業軍人は、戦後も軍人恩給を受けたわけです。

自ら志願した職業軍人は、命令を下す立場です。自分たちは安全なところにいて、義務として召集された兵士に命令をするだけで、自分たちは生きて帰り、高い恩給を受け取るのです。それに対して、強制的に召集された身分の低い下級兵士は、恩給も低額ですし、さらに、勤労学生として強制的に軍需工場へ派遣された女学生たちは、空襲を受けて身体障がい者となっても、充分な補償はありませんでした。

それが敗戦後の日本の実態です。

私たちがいたハイラル周辺の要塞を作ったのは中国の労働者です。中国の各地から男手を集め、厚い鉄筋コンクリート壁を作らせておいて、軍事秘密を守るためと称して、その後で労働者たちを虐殺してしまいました。

その労働者たちの死体を埋めたところは砂山になっていて、風が吹いて砂が吹き飛ぶと、うっすらと白骨が見えてくるのです。

私の弟の一人（智康）は、同級生などの有志たちと、こうした過去に犯した日本人の過ちを忘れないために、その砂山に松の木を植える平和植樹運動を行なっています。亡くなった労働者の魂を鎮めるためと、周辺の緑化に寄与することができたら、という思いからです。

こうした、歴史の片隅で起きた出来事を、知っていてくだされればと思います。

軍国主義を批判すると、「かつての軍国少年が左翼に鞍替《くらが》えか」などと思う方が、もしかしたらいるかもしれませんが、私の児童福祉に関する取り組みは、何らかの宗教や政治的立場に基づくものではありません。

私は、旧ソ連軍の侵攻を受けたとき、男性兵士が足りず囚人たちを動員したという強盗グループのような旧ソ連兵に拳銃を突きつけられ、身に着けていたお守りを壊され、また大人たちは、腕時計などの物を強奪されました。

旧ソ連軍は、日本人の家々からあらゆる金品を強奪していきました。女性の中には、襲われるより先にと自決する人も相次ぎました。

戦後には私の周辺でもスターリン主義を支持する人がいましたが、荒廃した旧ソ連軍の恐ろしい実態を肌身で感じた私は、あのような一党独裁の権威主義にはとても肩入れできませんでした。

特別養子縁組家庭のことをオープンに捉えていくために、「新しい家族のあり方」というような言葉で表現することもあるのですが、そうすると血縁中心の日本の伝統的な家族を良しとする方々から、「家族の崩壊につながる」と捉えられて非難されてしまう懸念もあります。

これでは目指すべきことから外れてしまいます。事の本質は、人間の基本的権利なのです。子どもが得てしかるべき権利が欠如しているということが問題なのであって、このことは、政治的な思想や信仰の違い、ましてや経済的都合に左右されてはなりません。

「子どもには、産まれてからすぐに、お父さん、お母さんが必要なんだ」という、「子どもの利益（福祉）」を守ることが目的だと見定めて、あらゆる立場の方々が手を携《たずさ》えて、この社会的養護の問題に関わってくださることを願っています。

引揚船の中で5歳の弟を水葬

昭和21年の晩秋、私の家族は、引揚船《ひきあげせん》の中で5歳の弟（四男）を栄養失調による大腸カタルのために失いました。

弟は船に乗る前から、激しい下痢が続いていました。船の中は狭く、まるでカイコ棚のような寝床に押し込められます。風呂もトイレもありませんから、船内は不衛生を極め、毎日何人もの人が亡くなります。ご遺体は船に置いておくこともできませんから、すべて海に葬ることになります。夕方になると、鉄板にくくりつけて、船尾から海中に葬るのです。

弟の遺体も、日本まで連れて帰ることはできず、船上から水葬にして見送りました。私たちの乗った船は「摂津丸《せっつまる》」という輸送船でしたが、その船長はなかなかに剛毅《ごうき》な人で、遺体を海に葬るとき、周りの海を見て、アメリカの船がいないと見定めると、当時アメリカ軍から掲揚が厳禁されていた日の丸の半旗を掲げ、「ボーッ」と汽笛を鳴らしながら、水葬をした洋上を一周して弔《とむら》ってくれたのでした。

あと少しで日本に着くという頃、もう一人の9歳の弟（三男）も、栄養失調で手足に危険なむくみが出ていました。腎臓が機能しなくなって尿が出なくなり、体に水分が滞《とどこお》ってブクブクとむくんでくるのです。腎臓が血液の濾過《ろか》をしてくれなくなると、あらゆる内臓が劣化し、多臓器不全などを起こして昏睡《こんすい》に陥り、やがて死に至ります。

父は、「ここまできたのだから、この子は遺体になっても（水葬はせずに）佐世保まで上陸させてあげたい」と言い出すほどまでに弱っておりましたが、なんとか生き延びてくれました。その弟が、先ほど申し上げた、「ハイラル平和の森」の植樹運動をしております。

後日談です。日本の漁村では海難事故に際して、「浦終い《うらじま》」という儀式が行なわれるそうです。海難事故に遭って遺体があがらず、1年ほど待っても発見されないとき、海に向かって花やお酒を捧げて区切りをつけるという儀式です。

玄界灘で引揚船から水葬にした弟にも、きょうだいたちでこの「浦終い」をしてあげたいということになり、亡くなってから62年経った２００８年10月の命日に、生き残っている５人の兄姉弟で佐世保に向かいました。

佐世保で漁船を借りて、五島列島の手前の海の上まで出て、お酒を注ぎ、環境に配慮して生花のみを海に捧げました。洋上にて、献歌一首――「島並みの　西の彼方の海底に　眠れる弟　兄来しを知れ」（篤二）。戦後生まれのこの漁船の船長さんも親切な方でした。私たちの話を聞き、帰路にはわざわざ佐世保港の湾内まで廻《まわ》って、現在の様子を見せてくださり、感激しました。

日本に帰り着いて芽生え始めた「願い」

１９４６年10月、５歳の弟を船上で水葬にしたあと、両親と兄弟妹６人の合計８人は、伝染病防疫のため10日以上も船内に留め置かれ、ようやく11月３日、長崎県の佐世保港に上陸し、父母の郷里である長野県を目指しました。

東海道線で広島を通過したときは、車中から、原爆による一面の焼け野原を見ました。その荒涼とした凄惨《せいさん》さに息を飲みました。

名古屋に着いて、中央線に乗り換える通路で、愛知県の「援護課」という腕章をした職員さんから、お茶をいただいたことをよく覚えています。その温かいお茶が喉《のど》を通っていくときに、「自分は生きている」ということが実感されました。そして、船上で海に葬った弟のことを思い浮かべました。

そのときの私の胸には、「辛い思いをしている人たちに『生きていて良かった』と思ってもらえるような仕事をしたい」――そんな決意ともいえない「願い」が宿り始めていました。

郷里に帰り着いてからも、貧乏のどん底という生活は続きました。農家の子は、昼の弁当に米飯を持ってきますが、私たちの昼食はトウモロコシの粉を焼いたもの。もともと家畜の飼料になるようなものが配給されるのです。焼いて熱いうちはやわらかいけれど、冷めると氷みたいにカチカチになって、食べられたものではありません。引揚者の子どもたちは、昼は弁当なしで、校庭に出て遊んでいたものです。

我が家から歩いて30分ほどのところに、荒れ果てていた山の桑畑がありました。戦時中は人手がなかったため、放っておかれたようですが、その土地を開墾《かいこん》して、親子で馬鈴薯《ばれいしょ》を栽培し、食糧にしたものです。

私設の子ども図書館の開設――子どもとの交流のはじまり

１９５４年、愛知県に公務員として採用されてから、総務部、教育委員会などを経て民生部に異動し、心身障害者福祉センター建設事務局、児童家庭課、コロニー（障がい者のための施設）である知的障がい児施設「H学園」や総合保健センターなどに勤務いたしました。

子どもとの関わりが多くなったのは、昭和40年代の前半に、県庁の中の児童家庭課という部署に勤務してからです。主な担当業務は児童文化財についてで、他にも、県内全市町村の児童館や児童遊園の設置・運営の指導をする中で、青少年保護育成条例に基づき審議会に諮《し》問《もん》し、その答申を受けて「有害図書の指定」をするという仕事もしていました。

この頃から、「子どもの本の世界」を通して、子どもたちとの交流が始まりました。

有害図書の指定は、県民からの通報などを参考にして、必ず本を入手してチェックしなくてはなりません。1カ月に何十冊という本を購入するものですから、有害図書のためにかなりの予算を使いました。

その一方で、優良図書については、中央児童福祉審議会で選定されたリストを増《ま》し刷《ず》りして、県下の市町村や小中学校に配布するだけです。各地の児童館の図書室を見ると、住民が寄付した旧漢字の児童文学全集などが並べられて、ほこりをかぶっていました。

「これではいけない」と思いましたが、どうしたらよいのかわからず悩んでいました。そんな折、ふと立ち寄った書店で、まるで指が吸い寄せられるように、偶然、一冊の本を手にしました。

それは、石井桃子さんの『子どもの図書館』（岩波新書）でした。

数多くの児童文学の翻訳者であり、そして編集者・著者でもある石井桃子さんは、子どもの読書世界における児童図書館の役割の大きさを痛感し、自宅で「かつら文庫」という私設図書館を開設。その活動について綴《つづ》られていました。

ふだんはそれほど資料図書を漁《あさ》る方ではなかっただけに、後から思うと不思議な出会いです。何気なく読み始めて、夢中になりました。読み終えてから、さっそく私は行動しました。

まず、児童図書に造詣《ぞうけい》の深い方を探しました。そして素晴らしい先生方に出会い、いただいた有益な助言を参考にして、上司に予算請求をいたしました。

「優良図書と有害図書とを、せめて同数量購入し、児童館図書室に配架《はいか》させたい。有害図書を指定しているだけよりも、良い本を一冊でも多く子どもたちが読めるように、まずは郡部《ぐんぶ》の児童館から配布したほうが、子どもによい効果があります」と提案しました。

答えはあっさりしたものでした。

「結果もわからないことを机上の空論で主張してもダメだ」

そこで実績を示すために、自分で家庭文庫を開設しようと思い立ちました。休日に各地の経験豊富な家庭文庫を訪ね歩いて実習をさせてもらい、手元にわずかですが200冊の本が揃《そろ》ったところで、私が住む住宅団地の小学生通学団が集合する公園の立木に、段ボール板に手書きした案内を出しました。

『昭和46年1月15日（祝日）、子ども文庫を開きます。無料です。本の好きな子は来てください。藤島団地476号　どりとる文庫』

文庫の名称の由来は、ロフティングのドリトル先生です。祈るような思いでオープンまでの1週間が過ぎました。そして当日、なんと10人もの子どもたちが来てくれました。

それからは、月末を除く毎日曜日、午後2時から5時まで文庫を開きました。時間になると、子ども同士で誘い合ってやってきます。利用の際の個人カードは、あっという間に100枚に増えました。

困ったのは、本が少ないことです。誰かが借りていくと、本棚は空っぽ。これでは文庫の名が泣きます。蓄《たくわ》えもないのにローンで求めた分譲住宅住まいの私は、安月給袋がさらに軽く、手取り5万円の中から、毎月1万円ほど（平均20冊）本を買い続けました。幸い、家内も貧乏育ちでしたので、不平はあまり出なかったので助かりました。

この文庫開設の際に、私はもう一つ期待をしていました。

役所での担当業務の中には、児童福祉施設や保育園へ監査に行くことも含まれていました。しかし、大学で教員免許状を取得するための教育実習をして以来、実務的に子どもと接したこともないので、劣等感に支配されていたのです。

そんな私でしたが、文庫を通して、子どもたちとの関わりが持てるようになりました。通学路で会うと、必ず何人かニコッと笑いかけてくれます。仕事先で指導員さんや保育士さんたちと、子どもの絵本などについての意見交換もでき、私にとって大きな収穫でした。

文庫も3年目に入ると、登録児童数は200人を超え、必死で買い続けた本は約900冊になっていました。そこで、次年度の予算要求資料には、文庫のデータも添えて、児童館図書室の整備に関する補助要綱（案）を添えて、予算要求を提出しました。

結果は、新任課長から「言われた仕事以外の余計なことをするな」の一言で終わりました。県下の子どもたちすべてに、良い本を読ませる仕事はまだ無理だ。このときにはっきり悟りました。

私は意識を切り替え、「足元をまず見よう。まず、自分の住んでいるところの子どもたちを大切にしよう」と、文庫の活動を続けました。

コロニーで目の当たりにした福祉の実態

「どりとる文庫」の活動は楽しく順調でしたが、昭和49年4月、「心身障害者コロニー H学園係長を命ず」の異動辞令が出ました。

H学園は、その約2カ月前に、低年齢の子ども3人が、早朝に屋外で立て続けに凍死していたという不審な死亡事故が起きた、知的障がいを持つ子どもの施設です。

民生部所属の職員たちの間では、内心誰もが行きたくないと考えられていた現場へ、私が行くことになりました。課長にお別れのあいさつをしたとき、受けた訓示は、またしても「今後は余計なことはするなよ」でした。

着任して目にした現場は、想像を超えた荒廃ぶりでした。1週間に1回だけ帰宅できる変則勤務の中で、文庫を続けることはとても無理だとわかったため、残念ですが「どりとる文庫」は閉鎖をしました。

しかし、せっかく集めた本は、後で役に立ちました。中国残留孤児の方が肉親捜しのために来日されたとき、東京・代々木の会見場で、日本語の勉強に役立てていただきたいと、その絵本を差し上げることができたのです。

さて、私を係長として迎えた14名の保育士さんたちの表情は、一様に沈んでいました。現場での経験もない事務職出身の上司では、足手まといになるだけで迷惑だと感じたのでしょう。

2月2日に一人。その2日後には二人。いずれも早朝に、屋外の池のほとりで、入所児童が続けて凍死していたという事故の原因はまだ判明していませんでした。もしかしたら誘拐による他殺かもしれない、と女性職員たちは怯《おび》え、夜勤や宿直が拒否されていたほどです。

施設の建物は、人が住む環境とは思えないほど、はげしい損傷状態でした。水洗トイレの半分以上は壊れていて、使用不能状態。その理由は、愛情飢餓《きが》と欲求不満で情緒が不安定だった子どもたちが、便器の中に手当たり次第に物を詰め込んでいたからです。

夜間の大便は除去できないまま、トイレのあちこちに山を作っているため、寝ぼけ眼《まなこ》でトイレへ起きる子どもは、裸足でそれを踏みつけますから、黄色い足跡が廊下から畳の上、そして布団へと続くことになります。

いくらトイレを修理しても、すぐにまた破損。そんないたちごっこが続き、もう来てくれる修理業者はいなくなっていたのです。

子どもの保育もできない新米係長である私の仕事は、まずトイレの修理と掃除でした。大便所の便器はすべて排水できないため、施設の管理部から設計図を借りてきて、排水通路を総点検してみて驚きました。図面には、トイレ排水路の途中に、排水詰まりを除去する縦穴の掃除口が示されていても、現場では見つかりません。ただ1カ所30㎝四方ほど、床のタイルが新しい色をしている場所があり、思い切ってタイルを切り取って調べたら、コンクリ片などを詰め込んだ掃除口を発見しました。たぶん、修理を請け負った業者は、一向に減らないゴミ詰まりにあきれ果てて、このような隠蔽《いんぺい》工作をしたのでしょう。

通常は、家屋の改修などを業者に施工させた場合は、管理部の営繕担当技師が点検して、完成状況を確認しなければなりません。それすらも手抜きされていた結果がこの有様で、絶句しました。ところが、私がその証拠を揃えて上層部に抗議をした結果、返ってきたのは、「そんなに文句があるならば、自分で直せ！」の一言でした。

そこで、専門業者さんに教えを乞《こ》い、長尺のワイヤー掃除機という特殊な用具を取り寄せて、掃除口から差し込み、ゴミを抜き出して驚きました。トイレで履く木製のサンダルをはじめ、汚れて黒く変色したシャツやパンツなどが次々と出てきたのです。屋外のマンホールまでワイヤーが届き、テスト排水が流れ出たときは、思わず歓声をあげてしまいました。

おかげで修理用具の使い方は次第に上達しましたが、それでも故障は減りません。物を詰め込む行為が止まらないからです。ともかく、子どもの欲求不満の解消が先決と思い、保育士さんたちと相談して、子どもに何か興味を持たせようと、あれこれ工夫してみました。

それまで病院給食のようだった配膳を、小グループ別の「おひつ方式」に変えました。また、居室担当制を導入し、子どもとの触れあいを増やすことを考えて、絵本の読み聞かせを取り入れるなどの工夫を重ねました。

やがて、子どもたちが少しずつ落ち着くようになり、それに伴って、トイレの詰まりも解消しました。

トイレの問題は一例で、ハード面でもソフト面でも、とても現場だけでは解決できない問題が山積みの施設。意欲を失って退職する人、体調を悪化させる人、他へ転勤を申し出る人もいました。

24時間緊張の連続で体重は9キロ減

私が異動してきてまず耳にしたのは、「次に子どもが事故死したら、責任者として（私は）逮捕はまぬがれないだろう」という噂でした。24時間緊張の連続。衣類の洗濯と交換のため、1週間に一度だけ帰宅できますが、住み込み状態。3カ月目には、体重が9キロも減少して、急性胃けいれんを起こしたときは、駆けつけた医師から「無理をするな」と警告されました。私は管理部や上層部とは、どれほど衝突したか数え切れません。

施設の改善要求をしても、「予算がない、自分たちでやれ」の返事ばかり。自費で工具類を購入し、車椅子が通れない階段を壊してスロープに改造したり、やぶ蚊発生源である居室周辺の雑木林の下枝打ちや雑草刈りなどをしました。さすがに運用部も放置できなくなったのか、妻帯者1名と、新たに福祉系大学を卒業した独身者3人を含む男性指導員を4人採用して、私の係に配置しました。

こうして2年が経とうとする頃には、ようやく子どもたちにも落ち着きが見られるようになってきました。建物も居住しやすいように改修し、施設内もまとまってきた頃、私は突然、総合保健センターの電子計算課への転勤命令を受けました。

さあこれから、というときのことでした。

少しは私の働きを認めてくれていたのでしょうか、保護者会の方たちが、私の留任運動を起こそうとしてくれました。私は異動希望など出さず、コロニーに骨を埋める気でいましたので、それはとても嬉しかったのです。しかし、正直なところ、疲れと虚《むな》しさでいっぱいになっていたのも事実で、その留任運動のお申し出は辞退させていただきました。

後日、私のことを「上司に忠実でなく、部下も管理できない」と評して、「コンピュータ相手の電子計算課なら手も足も出ないだろう」と笑った上層部がいたということを知りました。

コロニーでの仕事から、コンピュータの仕事へ。まったく違う分野ですので、初めは困惑しました。しかし、根が「新しもの好き」という性格です。部下のプログラマーの足手まといになりつつも、2年目頃からは簡単なプログラミングもできるようになり、仕事に役立てられるようになりました。

電気とさらに親しむために、アマチュア無線の資格も取得しました。電話級、電信級と進み、3年目には、幸運にも2級ライセンスを取得。モールス信号による海外通信が楽しく、庭に10mの中古コンクリート電柱を立てて、直径7mの回転式大型八木アンテナを取り付けたときは、さすがの妻も悲しそうな顔をしました。

度が過ぎるのが悪いくせだと、友人からは再三注意を受けている私です。

施設の子どもの中に見た、小さく弱い戦災孤児の面影

電子計算課で4年勤務したのち、1980年（昭和55年）、希望も出していないのに、ま

た子どもに関わる仕事に戻されました。中央児童相談所の相談担当係長へと異動が発令されたのです。ここで、1994年（平成6年）に定年退職するまでの14年間、愛知県内の5カ所の児童相談所に勤務するスタート地点に立ちました。

児童相談所の仕事に手をつけてみると、驚きの連続でした。産みの親との縁が薄い、一緒に暮らせない子どもたちの処遇が、子どもの心情への理解に欠ける方法で、極めて事務的に処理をされていたからです。

第1章で述べましたが、こうした状態に置かれた子どもたちの姿を見て、本当に愕然としました。私には、その子どもたちが、引揚途中で目撃してきた日本人の孤児たちの姿と重なって見えました。私の中で消すことのできない記憶と――。

国家間の暴力である戦争、その被害者は弱者たちです。小さくて弱い赤ちゃんが真っ先に死んで行きました。子どもをかばって死んでいった母親もいます。

そんな小さく弱い者たちの面影が、親と暮らすことができずに施設で辛い思いをしている子どもの中に見えたのです。

初めて養護施設を訪問した大人に対して、玄関に出迎えた子どもたちは、「だれのお父さん？　だれのお母さん？」という言葉を口にします。

「ひょっとしたら、自分の親が迎えにきたかもしれない」、そう期待している。施設内の実態を調査したら、あるまじき虐待まで起こっている。そのときの私の気持ちが、「本当にやりきれなかった」ということなのです。

「子どもはモノではない！」——電話１本での処遇に感じた思い

私が着任した頃の児童相談所では、産みの親と暮らせない事情を抱えた子どもの養護ケースは、「新人にもできる」という考えが残っていました。なぜなら、親や市町村の担当者から子どもの施設保護を希望されたときには、空いている適当な施設を選んで、電話で入所を告げておき、地元の福祉事務所に対して「子どもを入れる施設へ電話しておいたから、いつ運んでもよい」と指示すれば、仕事を完了できるからです。

電話１本で、生きている人間を、まるで宅配の品を扱うように、乳児院に処遇する。そんなやり方が、忌《い》まわしき軍国主義時代を想起させました。自分は安全なところにいながら、権限によってそれを強制し、他者を過酷な状況に追い込むような構図は、いつの時代にも形を変えて在ります。児童相談所の処遇方法は、私から見たら、「小さな国家権力でもって、子どもが幸せに生きる権利をねじ伏せている」としか見えませんでした。権力の犠牲になるのは、弱く小さい者たちです。

そして、いつしか自分自身が、子どもの処遇を決定する権限、つまり権力を持つ立場にいる恐ろしさに気づかされました。

私の胸には、元満州から日本に帰り着いて、温かいお茶で接待を受け、「辛い思いをしている人のために、生きていて良かったと思ってもらえるような仕事をしたい」と感じたときの思いが再びこみ上げてきました。

「すべての子どもたちに、『家庭の中で家族に囲まれて育つ権利』が保証されなくてはならない。そのためにできる限りのことをしたい」と、私は心に期しました。

家庭養護促進協会で養子縁組を学ぶ

この頃には、私には「役所の仕事で行き詰《づ》まったときには、民間の先駆的な自主活動を探し求めて、そこから学ぶ」という習性が身についていました。探してみたら、ありました。20年あまりの歴史を持ち、真に子どもの立場から里親探しをしてきた、「家庭養護促進協会」という、大阪と神戸の素晴らしい団体です。

私はさっそく、入会申し込みをして、年に何回も近鉄電車で勉強に通いました。また、先述したように愛知県産婦人科医会にも通って、さまざまな方策を学びました。

この頃、愛知県産婦人科医会は、「赤ちゃん縁組無料相談」を維持するために、かなり高額な費用を負担していました。理事の中には、この相談業務の存続に反対する人もいたようで、愛知県に内々に引き継ぎを打診していたようですが、県側は断りたいために、明確な返事を保留していたようでした。

そのような事態であることも知らずに、私は勝手に産婦人科医会に出入りしていたので、所長から厳重な注意を受けて、同医会との接触を禁じられてしまいました。

以後、私は必要なときには年次休暇をとり、職場に伏せて、個人的に同医会の助産師の資格を有する女性事務長さんに会いに行き、引き続き、赤ちゃん縁組のことを学びました。

この時期は他にも「小舎制養育研究会」や「日本ソーシャルワーカー協会」「児童相談所研究セミナー」やその他の必要と思う学会などにも入会・登録することで多くの学びを得ました。もちろん、交通費、宿泊費、参加費は自己負担だったので、家計は相変わらず火の車状態でした。

「三悪人のひとり」と呼ばれてでも

現在は違いますが、当時の児童相談所において、専門性を修得して勤務していたのは、大学で心理学を専攻して就職していた心理判定員（現在の児童心理司）という職種くらいでした。先輩の児童福祉司の中には、商工部、土木部、農林部などで一般行政事務に従事したのちに転勤してきた人が少なくありません。こうした人からは専門的な教示を得ることが期待できないため、私は外の世界にそれを求めざるを得なかったのです。

また、児童相談所のトップである所長には、県庁の行政業務に長年従事し、定年間際《まぎわ》に「最終あがりコース」として昇格して着任している人もいました。

こうした人は、定年退職後の挨拶状に記される常套句《じようとうく》のごとく、「大過《たいか》なく勤めを終了」したいため、前例のない業務への取り組みには警戒心が強いのです。個別のケースの、それぞれの特徴に対応する多様な工夫や提言に対しては、「失敗したら誰が責任を取るのか？」「なんで前例のないことに着手しなければならないのか」などと言って、「何もしないことがもっとも安全だ」という認識を露骨に示していました。

お役人仕事といいますか、「例年通りにやる」を良しとする世界です。

こうした体質ですから、施設で虐待を受けていた子どもの処遇変更を私が提案したときも、「子どもにわがままを言わせてはならない」という言葉が返ってきてしまいます。

産みの親が育てられない赤ちゃんのために、産院から直接、養子縁組を世話することは、これまで誰も手をつけなかったところでした。「そんなことまでしないでほしい」というのが上司の本音です。施設に処遇するよりは時間も手間もかかりますし、「もしも、その後で子どもに障がいがあることがわかって養親側から抗議を受けたら、お前は責任を取れるのか」と言われてしまいます。

後年に初めて知りましたが、上司が好まないことを強行する私の勤務評定は最悪だったそうです。異動のたびに「あいつは要注意人物だ」という申し送りがあったようで、先にも述べましたが、「愛知県の三悪人のひとり」であるとか、「県に弓を引いた男」などのレッテルが貼られていたそうです。

ちなみに、三悪人のうちの他の一人は、ある児童養護施設の施設長さんでした。県に対して「子どもたちがこんな状態でいいのか」と、常に子どもの立場を代弁して抗議をしていた方です。もうお亡くなりになりましたが、その方は、NPO法人「CAPNA《キャプナ》（子どもの虐待防止ネットワーク・あいち）」の初代理事長を引き受けられました。私も理事を引き受けましたから、悪人のうち二人が、退職後に手を組んだということになります。

もう一人の「悪人」は、どなたなのか定かではありませんが、私はひそかに、子どもの虐待防止で活躍してきた弁護士さんではないかと推察しています。もちろん、私が尊敬している信念の堅い行動派の弁護士さんは一人だけではありません。

ＣＡＰＮＡも、立ち上げの当時は、愛知県行政から強い警戒心を示されました。その後は国の方針も明確になったため、今は行政とＮＰＯが緊密に連携しています。

児童福祉司として奔走する

１９８２年（昭和57年）４月、私は、愛知県の中央児童相談所から一宮児童相談所へ、児童福祉司として異動しました。

児童福祉司は、一人の人間でありながら一行政機関のように職務を遂行できる権限を与えられています。児童福祉法第13条４項に、「児童福祉司は、政令の定めるところにより児童相談所長が定める担当区域により、前項の職務を行い、担当区域内の市町村長に協力を求めることができる」と、規定されているのがその一例です。

これからは担当地区内については、必要と考えられる児童福祉業務に関して、自分の裁量で自由に動けます。私はのびのびと、担当地域の子どもたちと家庭に目配りをしていました。

県行政に従事していると、住民と直接に接する機会が乏しく、その声が耳に入りません。私は日々、住民と接している市町村職員から、多くのことを教えられました。特に、児童委員を兼ねる民生委員さんたちとの信頼関係づくりには、重点を置きました。

毎月、定例的に開催される各地の民生・児童委員協議会（略称「民協」）に、私は積極的に参加していました。委員全員に、私の顔と声を覚えていただき、所管する区域内で緊急事態が起きたときなどには、電話1本で、守秘義務があるケース処遇の打ち合わせができるように努めました。

特に、地域の困りごとを放っておけない世話好きな児童委員の女性から、どれほど援助していただき、子どもや母親たちを護《まも》ることができたか、言い尽くせません。

終電車の時間も過ぎ、アルコールが入っていて、車の運転もできない深夜に、私の自宅から数十キロも離れた担当地域から、子どもの緊急保護事件などの連絡があったときには、私に代わって、地域の児童委員さんが状況の把握をしてくださり、助かりました。

この頃、児童相談所の職員としてどんな仕事をしていたか、事例をいくつかご紹介します。

あるシングルマザーの若い女性が、がんの症状で入院をしました。離婚した子どもの父親は、すでに新しい家族と暮らしており、交流はありません。小学生の兄弟二人を施設に保護することになりました。

「子どもたちが寂しくならないように、お母さんと一緒の写真を撮って子どもたちに持たせるからね」と母親に頼み、ベッドの横で母親と並んだ子どもの写真を撮りました。私は医師から、母親の余命が長くないことを聞いておりました。母親も口にはしませんでしたが、予感はしていたようで、撮影に同意しました。

若い人のがんの進行は速いと聞いてはいましたが、この母親の場合も病状は急速に進行していました。子どもの様子を伝えるため、プリント写真を持参して母親を見舞ったときには、表情も別人のようになり、やせ衰えていました。それから間もなく、母親はこの世を去りました。母と子が一緒に撮った写真は、子どもたちの宝物になりました。

家族の病理をうつしだす子どもたち

このころは、急激な核家族化という家族の形態の変化に伴って、地域のつながりが失われ、家族が閉じていった時代でもありました。このことで起きる問題は、主に子どもを通して現れていたように思います。児童相談所にも、不登校、家庭内暴力、引きこもりなどの相談が相次いでいました。

ところが、当時の児童相談所では、不登校の相談があっても、「まあ、しばらく様子を見て」などと言って、ほとんど対応しないか、心理判定員などの専門職にまかせきりであったように思います。その専門職ですら、障害者手帳の更新業務などに追われ、結局は対応しきれていない状態でした。

私は担当区域の学校や教育委員会に出入りして実態を調べ、長期間登校していない子どもの自宅に家庭訪問を始めました。教師ならともかく、児童相談所から来たと言っても、玄関払いということも多かったものです。

それでも中には「来てください」という家もあり、訪問しますと、ほとんどの子はカーテンを閉め切って、ドアの内側には机や椅子でバリケードを作り、そこに閉じこもりきり。食事は、親が丼を部屋の前に置く。親が階段を下りていった足音を確かめてから、ドアを開けて部屋に持ち込んで食べる。こうした家庭がいくつもありました。

訪問先では、とにかく親の話を聞くようにしました。母親からの、とりとめのない愚痴《ぐち》のような話に耳を傾けるのです。すると「この人は何か話を聞いてくれそうだな」と思うのか、「もう1回、落ち着いて話をしたい」ということになり、相談予約を入れてもらいます。

そこで改めてじっくり話をお聞きすると、「夫婦仲が悪い」「父親が失業しそうだ」「姑とうまくいかない」など、いろいろな話が噴出してきます。「そうだったのですか、大変でしたね」と相槌《あいづち》を打つと、ボロボロ泣きながら、予約時間では終わらないくらいのおしゃべりが始まります。

そうやって、閉じ込めてきたものを吐き出してもらうと、話している母親自身が、現状の家族の中にある「ひずみ」に気がついていきます。これは無意識の領域のことですが、話すことで自己洞察につながり、自分で自分を治していくような作用が起こるのです。こうして母親が変容すると、子どもの行動にも良い変化が見られます。すべてのケースではありませんが、親の話を聞いただけで、子どもが学校に行くようになったという家庭もありました。

不登校の子どもは、家族の病理を表現しているという捉え方があります。身体的な病気も、身体の中の弱いところにまず症状が出ますが、家族の病理も、「子どもの不登校」という症状となって、子どもに出ていたようです。

中には、同居していた祖母が家族に与えていた威圧感が連鎖して、中学生の子どもが不登校になっていたというケースもありました。何度か家庭訪問する中で、おばあちゃん自身がそのことに気がつき、同居を解消したことによって、不登校が治りました。3世代家族のメリットは多々あるとは思いますが、この場合は、親子単位で関係を見つめ直す必要があったのです。

家族の問題は、その家族の一人ひとりが自分のことを自分で見つめて、絡《から》まりをほぐしてから、再構築するというステップが大切だと思います。

こうした不登校相談をしていることが、地域の校長会でも紹介され、「不登校の悩みがあるなら、児童相談所の出張相談に行きなさい」という話になり、予約相談件数が増えたせいで、担当していた市の議会などで問題になりました。前年度と比べて、「不登校の件数が増えた。対策が遅れているのではないか」と指摘されたのです。

しかし実態は、手つかずだった不登校相談に取り組み始めたために、相談件数が増えたというだけの話なのです。幸い、教育長さんは私の取り組みをご存じでしたので、事の次第はわかっていただけましたが。

こうした仕事と併行しながら、乳児院や児童養護施設に訪問したり、里親説明会を行なうなどして、赤ちゃん縁組についても力を入れていきました。

赤ちゃん縁組の実績を重ねていく

そんなある日、担当地区の保健センターの保健師さんから、若い未婚女性の男児出産についての相談が入り、面談をいたしました。身元不明の男性と交際し、妊娠したと話しています。実家からの支援もなく、赤ちゃんを施設に入れてほしいと望んでいました。

本人の記憶を頼りに相手男性の住所を調べましたが、該当者は見つからず、赤ちゃんをこのまま乳児院に保護しても、親子関係の維持も家庭引き取りの見込みもありません。

そこで養子縁組の希望についてお聞きしたところ、「ぜひお願いします」と即答されました。

その当時、児童相談所で把握していた中では適切な里親候補者がなく、私は思い余って、愛知県産婦人科医会の事務長さんに、赤ちゃんを育てたいという家族の推薦をお願いしたところ、素晴らしい方を紹介していただけました。

同医会には、愛知県内はもちろん、全都道府県から、２０００組を超える夫婦が、「赤ちゃんを育てたい」という申し込みをしていました。不妊治療に通っていた地元の産院で愛知県を紹介されたという青山さんは、東北で農家を営んでいらっしゃるご夫婦でした。

子どもをあきらめていたという青山さんからは、すがるような声で、「ぜひ、私たちに授けてください」とすぐにお返事をいただきました。

翌日、青山さんご夫妻が愛知県内の保健センターに到着し、保健師さんが立ち会って、産みの親が抱いた赤ちゃんと対面しました。青山さんは目元にうっすらと涙をにじませて感動されていました。その様子を私と保健師さんは確認し、お互いに「これで大丈夫ですね」という意味の目配《めくば》せを交わしました。

青山さんは「幸夫《ゆきお》」という名前を用意されており、生母さんは喜んでその名前を出生届に記入しました。子どもが好きな青山さんは、それまでも近所の人や親族から頼まれると、乳幼児を預かって無償でお世話をしていたということです。

関係者たちが見守る中で、さっそく、青山さんがおむつを交換してくれました。その手際の良さを見ていた保健師さんからは、後ろ手に「仮免合格」の指サインが出ました。

天使のような赤ちゃんをやさしく抱いて帰っていく青山さんご夫妻。私たちはその後ろ姿を信頼して見送り、満ち足りた思いがしました。

それからは、写真が何枚も届きました。母子の入浴場面で、幸夫くんの顔の横にお母さんの乳房が隠さずに写っている写真もありました。東北の、素朴でおおらかな家庭の温かさが伝わってくる、見事な写真でした。

1歳の誕生日に、唐草模様の風呂敷に大きなお餅を包んで、背負わせて立たせている写真もありました。高校生になり、お父さんに横で見守られながら大きな耕運機《こううんき》の運転席に座っている写真も届き、成長に目を細めていました。

私が定年退職した数年後の年末に、ご主人が急死されたという喪中欠礼の葉書が届きました。驚いて、すぐに電話をしました。青山さんは「幸夫が私を励まして、父親のあとを元気に継いでくれているので、私は悲しみを乗り越えることができました」とお話ししてくださいました。

児童相談所の連携を阻む壁

私は３～４年ごとに転勤辞令を受け、児童相談所を異動しました。新しい職場の児童相談所に着任すると、まず、乳児院に措置されている在籍乳幼児の実態を調べるのが常です。すると例外なく、生後まもなく産院から乳児院に入所している子どもが何人もいました。ところが、着任地の児童相談所では、養子縁組業務を積極的に行なっていなかったため、縁組前提で委託できる里親候補が少ないのです。

前任地の児童相談所には、まだ委託をしていない里親がいましたので、「前任地の未委託里親を活用したい」と申し出たところ、異動で顔ぶれが変わった所長たちから、里親と接触することを禁じられたこともありました。

こうした「縦割り行政」に従わないのも、「余計なこと」ということになります。

前任地の児童相談所に在職中、養子縁組前提で里親委託したケースでは、里親さんが私の後任の児童福祉司に相談をしても、納得できる返事がなかったため、「矢満田福祉司への連絡方法を教えてほしい」と頼んだそうです。すると、「彼は異動して担当を離れたので、関係がないから、それはできない」と拒否されてしまったといいます。

私は自宅の電話番号を隠さずに電話帳に掲載しています。番号案内に問い合わせて、夜間、私の自宅へ電話をしてくる里親さん、養親さんが次第に増えていました。

私としても、その後の親子関係は気になっています。

たとえば、医師は担当した患者さんの退院後も、回復経過を知りたいと望み、自分が行なった治療や施術の適不適を点検したいと思うはずです。私も同じです。

親子関係が順調な方は、わざわざ夜間に電話などしてきません。子どもを寝かせた後に小声で相談してくる里親さんから、不安な気持ちをお聞きすることは、私が過去に行なった取り組みや支援策に関して、問題点を再点検し、反省するよい機会でした。

こうして、いくつかの里親委託や養子縁組委託を手がけるうちに、留意点が明確になってきました。浮かび上がってきたのは、「反応性愛着障害」という、最善の特別養子縁組を実施するうえで欠かすことのできない視点でした。

第3章　反応性愛着障害——子どもが必死に訴える姿

里親委託の経過から見えてきたもの

委託をした里親さんからの相談事は、直接私のところに連絡が来ることもありますし、里親さんたちの集まりである「親子交流会」でテーマになることもありました。

私たちは、里親や養親のもとで親子関係がうまくいかないとき、この状態を「不調」と呼び、なぜそうなったのか、どういったケアが必要か、ということを検討・実践していきました。これは、里親委託業務の中でも重要な仕事です。

いくつかの事例を積み重ねるうちに、里親や養親と要保護児童との「親子むすび」に関して、次のようなタイプ別に分けて、不調を検討していく必要があることがわかりました。

1【赤ちゃん縁組型】……新生児の段階から家庭に引き取られて育った子ども

2【施設育て直し型】……施設での生活を経てから家庭に引き取られて育った子ども

2-A〈育て直し：里親委託型〉……施設から里親のもとに引き取られた子ども

2-B〈育て直し：養子縁組型〉……施設から養子縁組を前提で家庭に引き取られた子ども

では、それぞれのパターンについて、どのような不調が生じたのか、解説していきます。

１【赤ちゃん縁組型】

【赤ちゃん縁組型】の場合、特に「産院から赤ちゃんを家庭に引き取り、養親さんが名付け親となっていたケース」では、親子の関係が不調になったという報告は皆無でした。

愛知県産婦人科医会が行っている「赤ちゃん縁組無料相談」では、昭和51年の10月１日から平成９年９月30日までの21年間に、総数で１２５５件の養子縁組を成立させています。そのうち、都道府県別でいちばん多いのは、当然ながら、愛知県の３９８人です。

もしも、養親と養子との親子関係がこじれて、養親から未成年の養子に関する養育拒否の表明があったならば、児童相談所に相談が寄せられて、養子を施設などに保護することになるでしょう。

しかし、私が児童相談所に在籍していた当時も、そして現在に至っても、愛知県の児童相談所では、そのような事態になったという相談例を見聞きしていません。

通常、児童福祉施設に保護される子どもは、養育困難などの理由で、実親が子どもを手放す相談例がもっとも多くなっています。それに加えて、実親による虐待で、児童相談所が強制的に子どもを親から引き離して保護しているケースも少なくありません。

実の親子関係ですら、これほど悪化してしまうことが多いことを考えると、血縁のない養親子の間で結ばれる【赤ちゃん縁組型】の絆形成が、いかに良好で強固なものであるかということに驚く方も多いのではないでしょうか。

2【施設育て直し型】

一方で、赤ちゃんが生後まもなく産院から乳児院に措置されて、数カ月もしくは数年を乳児院で過ごし、親の面会もほぼないままに、次は児童養護施設に措置変更されていき、その後、里親委託したようなケースでは、里親さんが子育てに苦労するケースが見られました。

乳幼児期を施設で過ごした後に、里親委託へと措置変更した場合は、親子関係の不調を訴えて、委託を解消するということも少なくありません。

こうした施設在籍児と里親を引き合わせた里子委託の場合、親子の絆ができていく過程が、次の4段階を経ていくことがわかりました。

親子の絆形成の進展段階

【第１段階】里母に上辺《うわべ》だけの懐《なつ》き方を示し、いい子に振る舞う時期。短期間で終わる。

【第２段階】いい子だったのが嘘のような、里親に対する嫌がらせと反抗を示す。親試しの時期。

【第３段階】親試しの行動のすべてを受け入れられることで、心理的な赤ちゃん返りに入る時期。

【第４段階】甘えが満たされ健全に成長していく。顔立ちや動作が里親に似てくる時期。

こうした親子の絆形成の途中で、「里親さんが苦労してしまう」ようなときには、生後～幼少期に適切な養育がなされなかったことによる「反応性愛着障害」を思わせる現象が数多く見受けられました。

なぜ施設での養育では、愛着障害が生じてしまうのでしょうか。

最大の理由は、施設で生活している期間、職員は交代勤務をしているため、親子の間のような、「特定の安定した依存対象者」と愛着の絆を結ぶことが困難になるからです。

この愛着形成については、以前は「６歳までの愛着形成期間が大事」であるとか、「いや

3歳までが重要」「1歳まで」などといわれていましたが、近年では、「生後〜3カ月間」の愛着形成期間が、とても重要視されています。このことについては、研究者の報告もありますので、後ほどご紹介いたします。

さて、「育て直し型」については、次のように2分類できます。

2‐A〈育て直し：里親委託型〉

里親は里子と養子縁組をしません。したがって、里子は里親の戸籍には入らず、里親には民法上の親権はありません。あくまでも里親は産みの親に代わって育てる役割で、養育代行型となります。里親に実子が居たり、里親と姓が異なる複数の里子を育てたりしている例もあります。

この型の場合、親子関係に苦労する例が見られ、親子の絆の形成は、足踏み状態となりがちです。

しかし、そんな中でも見事に里子との関係を修復した里母さんたちの体験をお聞きしたところ、そこには、いくつか共通点がありました。

一言で言いますと、里子の行動のすべてを、制止せずに丸ごと受け止めていたということです。

食べ物の場合ですと、過食状態となっても止めないで、欲しがるだけ与えたところ、どんぶりで数杯も食べたとか、ご飯を拒否してお菓子ばかり要求したので、袋菓子を山盛りにして好きなだけ食べろと積み上げたら、それで満足した……などです。

一日中、おんぶに抱っことせがまれて、肩がコチコチに腫《は》れ上がったとか、母親がトイレに一人で入ると、中へ一緒に入ると泣きわめくので便秘になりかけたとか、里母の手足など、体の露出部分にところ構わず噛《か》みつき、しばらく青あざが消えなかったとか、一番大切な客間の畳の上に、冷蔵庫から牛乳パックを取り出してきては撒《ま》き散らし、その臭いがしばらくすごかった、などなど……。

特に、夫の母親と同居している場合は、このような特異な行動を姑に理解してもらえず、子どものしつけを厳しく迫られて、ノイローゼ気味になった里母もいました。

このような親試しの行動に関して、里親さんたちのぶっちゃけ交流会で大爆笑が起きた、ある里母さんの体験報告をご紹介しましょう。養子縁組の予定で2歳過ぎに家庭に来た男の子は、終日、里母さんの胸に手を入れてオッパイ触りをするので困っていたそうです。

あるとき、里父が子どもに、「お母さんのオッパイの片方は、お父さんの分だから、残しておけよ」と言ったら、「うん、わかった」と返事をして、満足した後に、「お父さん、替わろう」と場所を譲《ゆず》ったそうです。

2-B〈育て直し：養子縁組型〉

施設に入っていた子どもを特別養子縁組するケースでも、その成立までに、かなり長期にわたる里子養育期間がある、という場合も少なくありません。また、6歳を超えてからの里親委託では、特別養子縁組が認められないため、普通養子縁組となることもあります。

この型の中で、里親側に、「良い子だったら養子にしてあげる」など、子どもを選別するような感情が存在している場合があります。そうなると、先ほどの絆形成の4段階のうち、【第2段階】以降へ進展することができません。「試し行動」が延々と続くということになります。

A型亜型ともいえる養育代行のまま、足踏み状態となり、ついに音《ね》を上げた里親から、里親養育の辞退の申し出があって、「破局型」で終わる例もあります。

児童相談所の里親担当者にとって、これは要注意事項です。

私が児童相談所で里親を担当することになったとき、委託中の里親家族を全件、訪問調査をいたしました。その結果、残念ながら、このタイプが少なくありませんでした。

里親と話し込むと、「こんな出来の悪い子は我が家の養子にはできない。親戚からも子どもを施設へ返せと言われている」などという本音が漏れたこともあります。

「施設に返したいという本音を言い出せないまま、嫌々ながら里子を預かっていた実態」を知ったとき、針のむしろ状態で過ごしてきた里子たちの心情を考えると、悲痛な思いが込み上げてきました。同時に、こうした状態を野放しにしていた児童相談所の前任者たちへの怒りを鎮《しず》めるのに苦労しました。

担当区域内の里親家庭訪問を終えて、親子関係の不調が続いている家庭があるとわかった以上、私の次の行動は、里子委託の措置解除です。それが、委託していたケースの半数近くに達したため、あわてた所長から、「子どもに我慢させよ」と叱責されましたが。

家庭養護推進派の急先鋒である私が、意に反して、里親から引き離さなければならないのですから、よほどのことだったと察してください。私はなにも、里親委託や養子縁組の成立件数を競っているのではありませんし、その状態が「子どもの福祉」に反しているのならば、解除するのは当然のことです。そもそも、子どもを居候扱いして、「ダメなら返せばいい」という里親養育の仕方では、時には施設養育よりも弊害が大きいことがあります。

悲惨な里親委託——解除した事例

なぜ、里親委託を解除せざるを得なかったか、具体的に例を挙げてご説明いたします。

小学1年生の一人娘が亡くなったため、寂しさを埋める身代わりの子が欲しいとして、里親登録した夫婦に、私の前任者が対応したケースです。

「施設に行って、気に入った子がいたら選んできなさい。その子を委託します」と前任者から告げられて、里親は同年齢の女児・弘子さんを「一方的に選び」、里子にしていました。

このような、里親側の都合や子どもを選別するような感情に基づいた里親委託は、後々不調になるケースが多く、不適切です。

一方的に選ばれた弘子さんは、多人数姉妹弟の一人であり、母親が行方不明となって子育てに困った父親が、子どもたちを児童相談所にまかせた後に自分も姿をくらませていたケースでした。当時はどこの児童養護施設も満員状態だったため、きょうだいたちは分散させられて、複数の施設に分かれて保護されていました。

人事異動で前任者から引き継ぎ、私が初めて家庭訪問をしたときのことです。

弘子さんが里子委託されて2年ほどでしたが、このとき里親家庭はたいへんな騒動になっていました。弘子さんが、他の施設に入っていた姉の住所を書いたメモを大切に持っていて、しきりに交流したいと里母に頼むので、きょうだいたちとの交流を禁止し、メモを取り上げたというのです。

里母は、「うちの死んだ娘は、こんなバカじゃなかった。子どもを選び損なった」という暴言を私へ発しました。

私はその場では、必死で感情を抑えていました。そのときのことです。「子どもにもっと我慢をさせよ」と、所長から大反対されたのは。

私は、別の施設にいた姉を同伴して、里親の家庭を訪問し、弘子さんと姉を交流させて、その様子を示し、弘子さんを里親から引き離して施設に移しました。私は弘子さんに、「児童相談所があなたにしたことを謝る。ごめんね」と、頭を下げましたが、彼女の心の傷は深く、施設でも不安定な状態が続きました。

その後、私は、正月休みなどに、私の自宅に弘子さんのきょうだいたちを呼び寄せて、交流を復活させました。弘子さんはそれを支えにして、社会へ出て行きました。何か相談事があると、私が定年退職した後も、私の自宅に連絡をしてきましたが、その後、結婚して落ち着きました。

「試し行動」という試練を経て親子になる

先ほどの親子の絆形成における進展段階について、ふたたび詳しく見ていきましょう。

【第1段階】では、みんないい子ぶるものです。実際に家庭に迎えられて、嬉しいという素直な表現に加えて、「いい子にしていないと、見放されてしまったら困る」という気持ちも潜在的に抱えています。これはある意味、様子見の期間ですので、あまり長く続きません。

【第2段階】では、親を試す行動に出ます。施設での生活を経てきた子の場合、例外なく「試し行動」は起こります。その度合いや期間の長さは、その子どもの「愛着障害のレベル」によって違ってくるといってもいいでしょう。

試し行動は、

「お茶や牛乳を畳やカーペットにわざとぶちまける」

「引き出しの小物や衣類を全部引っ張り出して散らかす」

「蛇口を勝手に開けて水を出しっぱなしにする」

「お菓子など特定の食べ物を大量に要求し、きちんと食事をしない」

「呼びかけに対して、素直に返事をしない」

「親を叩く、蹴《け》る、腕に噛み付くなどの暴力をふるう」といったような、親が嫌がるとわかっている行動を繰り返します。非常に辛い、試練の時期です。

それでも親は、この行動を制止することなく、「どうぞ、どうぞ」と、存分にやらせてあげることが肝心です。「なんでそんなことをするの」と言っても、子どもは満足するまで、試し行動を止めないからです。

その満足とは、「この人たちは、嫌なことをしても、自分のことを受け入れてくれる親なんだ」と確信を得ることです。そこで初めて、次の段階へ進むことができます。

この道筋をしっかりとたどらせてあげる必要があるのです。

育ての親と似てくる子どもたち

【第3段階】では、「試し行動」のすべてが受け入れられて、甘えの期間に入ります。3～4歳の子が、赤ちゃんのように抱っこされて、ほ乳瓶でミルクを飲みたいと里母へせがむなど、赤ちゃん返りのような行動をします。甘えたくても甘えられなかった時期を取り戻そうとするように。

両親から虐待され、2歳8カ月のとき、里親へ委託したある女の子もその一人でした。自ら「いっぱい、いっぱい、赤ちゃんをしたら、いいお姉ちゃんになるからね」と言ったとき、里母さんは言葉が出ず、泣きながら抱きしめたということです。こうした経過を経て、充分な甘えが満たされると、次に進むことができます。

【第4段階】は、親子が似てくる、親子の絆が結ばれていく時期です。

不思議なことに、血のつながりがなくとも、共に暮らす親子はとても似てきます。

私が満州から引き揚げてきたときの話をしましたが、現地に残された中国残留孤児の方々が親探しのために来日されたとき、私も代々木の会見場へボランティアに行きました。

そのときに驚いたのは、両親が日本人であっても、みなさんの顔立ちが中国の人のようになっていたことです。赤ちゃん縁組の親子も、共に暮らす年月を重ねるにつれて、立ち居振る舞いだけでなく、顔かたちまで似てくるので不思議です。

養親さんたちが定期的に開催している「親子交流会」では、親たちがゆっくり話し合いができるように、福祉系の学生さんたちにお願いして、連れてきた子どもたちを別室で保育しています。

昼食時には、子どもたちを会議室に連れてきますが、学生さんたちは、幼児さんが眠っていても、母親と顔が似ているのでわかるといいます。血縁だけが親子ではなく、「育ててこそ、親になるのだな」と、腑《ふ》に落ちる思いがするものです。

施設で愛着障害が生じてしまう理由

ここまで見てきたように、「新生児養子縁組型」の場合は、親子の絆が順調に築かれるのに対して、施設養育を経ての「育て直し・再育児型」の場合に、里親の苦労が多いのは、やはり幼少期の「愛着形成」ができなかったということが大きな要因です。

ここで、アメリカの医学書の中から、反応性愛着障害について端的に示されている箇所をご紹介いたします。

◆DSM-Ⅳ-TR『精神疾患の診断・統計マニュアル』より
幼児期または小児期早期の反応性愛着障害の診断基準（※傍線は筆者）

A　5歳以前に始まり、ほとんどの状況において著しく障害され十分に発達していない対人関係で、以下の（1）又は（2）によって示される。

（1）対人的相互作用のほとんどで、発達的に適切な形で開始したり反応したり出来ない事が持続しており、それは過度に抑制された、非常に警戒した、又は非常に両価的で矛盾した反応という形で明らかになる。（例えば、子どもは世話人に対して接近、回避及び気楽にさせることへの抵抗の混合で反応する、または固く緊張した警戒を示すかもしれない）。↓**【抑制型】**

（2）拡散した愛着で、それは適切に選択的な愛着を示す能力の著しい欠如（例えば、余りよく知らない人に対しての過度のなれなれしさ、または愛着の対象人物選びにおける選択力の欠如）を伴う無分別な社交性という形で明らかになる↓**【脱抑制型】**

B　基準Aの障害は発達の遅れ（精神遅滞のような）のみではうまく説明されず、広汎性発達障害の診断基準も満たさない。

C　以下の少なくとも1つによって示される病的な養育。
①　安楽、刺激および愛着に対する子どもの基本的な情緒的欲求の持続的無視。
②　子どもの基本的な身体的欲求の無視。
③　主要な世話人が繰り返し変わることによる、安定した愛着形成の阻害（例えば、養父母が頻繁に変わること）。

D　基準Cの病的な養育に続いて、基準Aにあげた行動障害が始まり、CがAの行動障害の原因と見なされる。

施設養育で愛着障害が起きる理由は、基準Cの③に示されるように、世話人（職員・保護者・親など）が繰り返し変わることです。

施設では、職員一人で複数の子どもを見ることになります。5人、6人の赤ちゃんに大人が一人、ときには10人もの赤ちゃんを集団で養育している環境です。

また、勤務は交代制ですから、8時間ごとに「母親役」が交代することになります。懐《なつ》いている職員が、勤務時間を終えて帰るときに、後追いする乳幼児の姿は日常茶飯事です。その職員が休みのときもあれば、退職や転勤で会えなくなってしまうこともあるでしょう。

こうした環境は、たとえ職員が職務を全《まっと》うし、ときには職責を超えるほどの愛情を注いでくれたとしても、基準Cで示される「病的な養育」ということなのです。

では、この病的な養育によってもたらされる、基準Aで示される行動障害の【抑制型】と【脱抑制型】について、私の体験をお話しいたします。

【抑制型】鈴なりの子どもの後方で

私は、定年退職後に日本福祉大学などで非常勤講師を務めました。そのときに学生たちに伝えていたことがあります。

保育士の資格を取る学生は、乳児院へ実習に行くことがありますが、そのとき、事前の心得として、「子どもたちに取り囲まれるよ。次から次へと寄ってきて、おんぶや抱っこをせがんできて、キリがないからね」と学生たちに言っておきます。

実習に行く前は半信半疑だった学生も、「本当にそうですね」とそれを実感して帰ってきます。「一人抱っこして、『たかい、たかい』をして下ろすと、次の子がやってきました。終わった子はまた後ろで順番待ちをしていて、とてもキリがない状態でした」と、状況を教えてくれます。乳児院を訪ねたことがある方なら、その子どもたちの姿が目に浮かぶのではないでしょうか。

もう一つ、学生には事前にこう言っておきます。

「あなたの周りは子どもたちで鈴なりになるけど、その少し離れた、あなたの手の届かないところに、視線だけをこちらに向けている子がいるかもしれないよ」と。

学生たちの事後報告では、「いませんでした」というときもありますが、「そういう子がいました」ということもあります。

「私がその子を抱っこしてあげようと思って手を出すと、後ずさりするのです」と。

こうした反応を示す子のほとんどが、過去に虐待を受けていた子どもです。大人の手が届く範囲内にいたら、殴られるかもしれない。そう思って、手が届かない安全な距離の外側にいます。

児童養護施設でも同じような子どもの姿が見られます。特に、3～4歳ぐらいの、乳児院から来て間もない、乳幼児のときに虐待で保護された子どもたちは、近くに居る大人が自分の頭を掻《か》くために手を上げるだけでも、パッと後ろに跳び下がります。叩かれないための警戒心が強く、常にピリピリしているのです。
これが自分の愛情欲求や行動を抑制してしまう抑制型です。

【脱抑制型】施設での性的虐待の裏側に

次は、警戒心を欠落させている脱抑制型について、例を挙げてご説明いたします。この型の愛着障害が、思春期に入った女子に現れてくると、非常に厄介なことになります。

児童養護施設などの施設で、異性職員から入所している子どもへの性的虐待が発覚したというニュースを耳にされたことはありませんか。「その職員がよほど不道徳であったのだろう」という感想を持たれるかもしれませんが、それだけでは済まない、根深い問題が潜んでいる可能性が高いのです。

過去にあったケースです。ある中学2年生の女子が家出（施設を勝手に脱出）しました。その女子は、常に男性の関心を引くような魅力を漂《ただよ》わせている子でした。幼少期の愛着の絆が不足していると、女子の場合は特に、「自分を可愛いと言ってくれる人を強く求め」て、脱抑制型の「無分別な社交性」を恋愛関係に発揮するという傾向が見られます。

この傾向が強い女子には、女性職員が対応すべきです。男性職員ならば、健全な夫婦としての生活を送っている年長の職員に限定すべきで、独身の男性職員が対応するのは、非常に危険だと言わざるを得ません。

特に危険なのが、金八先生のような熱血漢です。女子は、自分の生い立ちについても、ないことまで訴えて、巧みに同情を引こうとします。「私は父親から虐待を受けた」「母親からは無視され、友達からはイジメに遭った」など、自分がかわいそうな境遇にあるということを売り込みます。

もちろん、実際に辛い目に遭ったから、施設に保護されているわけですから、すべてが嘘ではないのですが、ターゲットである男性職員には、かなり誇張してアピールします。自分だけに告白を受けた熱血職員は、「そうか、苦労したね。よく話してくれた」。そして「辛いことがあったら、いつでも聞いてあげるから」となります。

その次に出てくる言葉は「でも先生、誰にも言わないでね」の縛《しば》りです。さらに、「先生、それでも心配だから、先生の部屋に行ってもいい?」とか、「先生の車の中だったら話してもいいけれど、聞いてくれる?」となり、こうして1対1の関係を作ってしまうのです。

もしも単身者の部屋に入れてしまったら、危険な男女の関係に進展してしまいます。一度そうなると、「先生、私を裏切ったら、園長先生に言いつけるから」と、脅《おど》されます。男性教師なども同様で、警戒して手を引き始めると、「なぜ私を避けるの?」、誘いを断ると、「じゃあ、明日校長先生に言いつけるから」となります。

私が担当した中学1年生の家出少女は、大柄な体格で、大都会の繁華街に3カ月近く滞在し、帰ってきたときには50万円ほどの現金を持っていました。どうやって手にしたか、ご想像がつくと思います。

こうした脱抑制型の行動の背景には、金銭などの明確な目的があるわけではなく、自分の後ろ盾《だて》になってくれそうな人を増やしたいというような、まさに愛着障害による「無分別な社交性が要因」と推定できるケースが多くあります。

施設養育では「自分で決める力」が育たない

愛着障害については、脳の発達と関連した専門家の研究がありますので、後ほどさらに詳しく述べていきますが、施設養育が抱える問題は、それだけではありません。

措置解除となる18歳で施設を出る子どもの多くが、「社会で必要な基本的なことが身についていない」ということも大きな問題です。

第1章でも、施設を出た子どもが、数カ月で所持金が底をついて、施設に泣きつくことがあるということを述べました。

私も児童相談所時代に、施設を退所する子どもたちの就職先探しに苦労しました。徒弟制度が残っていた頃は、配管工、左官、屋根瓦職人などの親方のところや、あるいは調理師などとして住み込みで就職をして、修業を積んだら独立する、などという先の見通しがありました。職員を手こずらせたような子でも、住み込み就職先には、「俺だって若かった頃は相当な悪《ワル》だったよ」と、それを意に介さない、頼れる親方がいたものです。

内緒でシンナー遊びをしていた子に対して、建築関係の親方が、なんとシンナー一斗缶《いっとかん》を買ってきて、「おい、そんなに好きなら、この一斗缶、全部お前にやるから」とその子に渡したそうです。この荒療治《あらりょうじ》には、本人だけでなく、周囲の者も驚きましたが、それ以降、その子のシンナー遊びは止まりました。

こうした徒弟制度のような社会の受け皿が少なくなってくると、施設を出た子は、一人でアパートを借りて自立することになります。

しかし、これがなかなかうまくはいきません。まずお金がすぐになくなってしまいます。食材費にいくらかかるか、電気、ガス、水道、光熱費の払い方もわからず、初めての給料などは、嬉しさのあまり、ものの3日で使ってしまいます。あとは段ボール1箱のカップラーメンと水で暮らすしかない。それに懲《こ》りず、次の給料が入れば、無分別にローンで電化製品などを買い、所持金が底をついて、3カ月後には施設に泣きつきます。

もちろん、施設長や職員たちは、こうした事態になることは重々わかっていて、「次の給料をもらうまでに30日あったら、30分の1ずつ使いなさい」とか、「まず、毎月払うお金は最初に封筒に入れて、手をつけないでおきなさい」と教えます。でもそれができないのです。

お金のことだけではありません。施設では、起床から消灯まで、細かいルールが決まっていますので、家庭生活の中であれば、自分の意思で普通に行なうようなことが、施設の中では身につかないのです。

食事は出されたものを時間内に食べます。調理場は衛生上、職員以外は立ち入れませんから、料理や片付けの手順などもよくわかりません。多くは規則的な日課に従い、指示された時間にお風呂に入り、消灯時間に眠ります。

規則正しいといえばそうですが、すべて大人から決められたルールに従って集団生活をしています。いざそこを放り出されたとき、とたんになんでも自分で決めなくてはならなくなりますから、朝何時に起きるのか、そんなところからつまずくわけです。

また、プライバシーのない中で育っているので、人との距離の取り方もちぐはぐになりがち。人間関係を築くことを苦手と感じる子は多く、周囲からのサポートが得られないまま、一人で苦しむことになります。

親元で育った子ですら、18歳で自立して生活できる子どもが、今どきどれくらいの割合でいるでしょうか。1～2回は施設に泣きついたとしても、それ以降は帰る場所もなく、就職先でもうまくいかず、社会になじめないまま行方知れずになる子も珍しくはありません。

「施設もいいところがある」という反論

私とは反対に、「施設こそが子どもを幸せにする環境だ」と言い続けている方々もいました。過去には積惟勝《せきこれかつ》氏など、「集団主義養護論」を唱えていた方もいて、「子どもは集団で育てるべき」ということを堂々とおっしゃっていました。

旧ソ連のピオネールやイスラエルのキブツなどの影響かと思いますが、こうした集団主義養護は歴史的にも失敗とみなされているはずですし、ましてや赤ちゃん時代から帰る家庭のない集団保育は、子どもの「家族を持つ権利」を侵害しているとしか言い様がありません。

私は集団養護を唱える研究会の場で、「ならば、ご自分のお子さんを施設へ預けて、そこで育ててもらってはどうですか」と申し上げたこともあります。

また、このようなことを書き連ねると、「今、施設で暮らしている子どもを傷つける」とか、「施設の職員は、親のいない子どものために、職務を超えた働きと愛情を注いでいる」というご意見が出されます。

私は、それはもう大前提として、その先の話をしたいのです。

私も当然ながら、長年児童福祉の世界に身を置いてきましたので、素晴らしい施設長や施設職員の存在も知っています。一言で施設と言っても、温かいケアがなされている施設もあれば、あからさまな虐待問題が表面化するような施設もあります。

私が直接携わった過去30年の歴史の間には、児童養護施設での虐待がニュースになったこともいくつかありました。家庭で虐待を受けた子どもが、さらに入所先の施設でも暴力行為による虐待を受けている――。このような二重の苦しみを味わわせることは、言語道断ですし、ここではこのような施設は論外とします。

集団生活では、表立った虐待事件や暴力事件まで至らずとも、職員や子ども同士のトラブルは多いです。入所する子どもたちのプライバシーが守られず、思春期の男女が部屋を行き来するようなことも、職員が手薄な夜間にあります。現場を知る人なら、否定なさらないと思います。国際人権NGOヒューマン・ライツ・ウォッチが出した報告書『夢がもてない

――日本における社会的養護下の子どもたち』(2014年5月)にも、こうした施設の現状を取材しまとめたものが記されています。

また、「かつての施設は前時代的であったかもしれないが、今はハード面もソフト面も改善されている」ということもいわれます。

しかし、新しい基準の小規模施設を「家庭的な環境」だとみなしても、施設養育が抱える問題の構造的な部分は変わりません。少し生活環境を良くしただけで「改善した」と声高《こわだか》に言われると、根本的な問題が見過ごされてしまいます。前時代的な施設環境をそのまま残しているようなところもまだあります。

子どもの真の幸福を願うなら、施設をキレイにしてそこに子どもを送り込むのではなく、産みの親との縁が薄い子どもたちが、将来、家庭を築き家族を構成するための素地を獲得できる、家庭養護・養子縁組へと舵取《かじと》りをすることの方が先です。その労力を注ぐ方向性を、間違ってはいけないのです。

そして、こうした議論をすることが、今、施設で生きる子どもたちを傷つけるというのであれば、「当事者の真の声を聞く」ということを私たちはしなければならないと思います。

ドラマの波紋——児童養護施設に居た子どもの声をどう聞くか

2014年1月、『明日、ママがいない』(日本テレビ系)というドラマが放映されて、このストーリーや演出方法が物議を醸《かも》したことをご記憶の方も多いと思います。

熊本市の慈恵病院の蓮田先生も、テレビ局にクレームを出されました。施設に入所している子どもの「ポスト」というあだ名が、『こうのとりのゆりかご』出身であると特定されるような表現になっていたことは、たしかに良くないと思います。

また、児童養護施設の団体からは、「施設で生活している子への偏見を増長する」「施設の環境を誤解される」といったクレームもありました。

私が感じたのは、現実の中には、ドラマ以上に子どもが苦しんでいる環境もあるということ。はっきり申し上げると、私が見てきた現実はドラマ以上なのです。

ドラマはフィクションですから、過剰な表現になってしまって、その表現方法に対して意見が分かれるということはあるかもしれません。しかしながら、ドラマや映画、舞台などが、人の営みや社会の実態を土壌にして創作されることを考えたとき、こうしたドラマが制作されたことは、意味があると思います。そして、これを観た人たちが、「児童養護施設で生活する子どもたち」のことに思いを馳《は》せる機会が生まれたことは、長い目で見てプラスになることではないでしょうか。

児童養護施設の出身者を傷つける、というご意見もありましたが、当事者の中でも意見や感想は多様のようです。もし「苦しかったことを思い出す」というような反応があるとすれば、それこそ、実態を改善すべきだということです。

私が存じている施設出身者の方の中には、「このドラマで救われた」という思いを抱いている方もいました。録画したものを、仲間同士で泣きながら鑑賞したと聞きます。

なぜ救われたのか。それは、ドラマの中で、各自の事情を抱えて施設で暮らしていた子どもたちが、最終回では皆、施設を出て、保護してくれる人のもとで暮らすことができるようになったという結末であったからです。「みんな幸せになって良かった」と涙してご覧になっているそうです。

施設出身の方の当事者の声を聞くとき、さまざまな背景があるということを心に留めておかなくてはなりません。「良いところだった。感謝している」という言葉があったとしても、それを「施設で育って良かったと言っている。偏見は良くない」という方向に持っていったとして、それが彼らの本音でしょうか。その言葉を導き出して、「施設養育でも問題はない」と結論づけるのは、大人側の論理です。

赤ちゃんのときから、親という概念も世の中のこともわからないまま施設にいる子どもが、自らの環境改善を訴えることは不可能なのです。それでも「この子がいいと言っているんだから、いいんだ」と、そう思われますか？

乳児院から児童養護施設へ移る辛さ

第1章でも述べましたが、全国の乳児院130カ所余には、およそ3000人の乳幼児（0〜2歳）が保護されています。厚生労働省が5年に1度行なっている調査によると、平成20年2月1日現在での乳児院在籍児は3299人。このうちの364人、11％の赤ちゃんたちは、「両親ともいない、不明、不詳」となっていることも、すでに述べました。

少なくとも、この保護した364人の赤ちゃんは、すぐに養子縁組を考えなくてはならないはずです。それなのに、乳児院に措置して、そのまま。その後の見通しとしては、乳児院にいる1862人、割合にして56・4％が、引き続き児童養護施設などで施設生活を送るという見通しが示されていました。

これが再三申し上げている、「第1ボタンのかけ違い」なのです。産院などから最初に乳児院に送り込まれ、親との交流の手立てが何もなく、3歳前後に児童養護施設へ措置を変更

児童養護施設に入所予定の子どものお泊まり体験に付き添う。食堂で（1988年）

される幼い子の胸の内は、いかばかりでしょうか。

乳児院は、女性職員と小さい子どもたちばかりが集まっていて、いくらかホッとする空間ですが、その後移ることになる児童養護施設には、男性の職員も多く、中学生や高校生の入所者ともなると、小さい子からすると、もう大人みたいなものでしょう。圧倒されて、戸惑い、不安感が強くなることは否めません。

私は児童福祉司時代に、子どもを保護して、一時保護所から施設へお願いするときや、乳児院から措置変更で養護施設へ移すときには、可能であれば、事前に子どもに「お泊まり体験」をさせるよう努めていました。

施設を見せて、中の食堂で食事をさせて、

「こういうところへ移ることになるけど、どうかな」と話をします。もし「いやだ」と言われても、行くしか術《すべ》はないのですが、事前に様子を見せておくことで、少しでも不安を和らげてあげたかったからです。

もちろん、幼い子を受け入れる職員たちにも、心の準備をしていただくことも大切でした。繰り返しになりますが、このようにして、乳児院から児童養護施設へ移動していった子の中で、子ども時代のすべてを施設で過ごす見通しの子どもが、平成20年の数字で56・4％もいるというのが、今の日本の現状です。

施設養護への偏りは社会的ネグレクト

私は、2005年8月、機会をいただいて、アメリカ・マディソン市で開催された「IFCO・世界里親大会」に参加し、日本の状況を報告する分科会で「愛知方式・赤ちゃん縁組」の説明をさせていただきました。そのときに、両親がいないまま乳児院にいる赤ちゃんの数（先ほどの厚生労働省の資料の平成15年度の数字）など、日本の現状を報告しました。するとと、やはりと申しますか、私は世界各国から参加していた人たちから、大ブーイングを受けました。

「その状態は、子どもが育ての親を持つ権利を放置している、国家的、社会的なネグレクトではないか！」

「あなたは子どもの権利を代弁するソーシャルワーカーとして、怠慢《たいまん》ではないか！」

「日本は世界でも有数の経済大国でありながら、このような実態を知って失望した」

こうした厳しい意見が提示されたのです。

覚悟はしていましたが、日本のソーシャルワーカーの一人として、忸怩《じくじ》たる思いがいたしました。

このときの各分科会では、発表要旨の中に「RAD（＝反応性愛着障害）」という文字が数多く見受けられました。しかし日本では、まだ「愛着障害」という視点での児童福祉施策が不十分です。

先進諸国では、日本のような集団型施設養護ではなく、里親委託や養子縁組による家庭型養護に重点が置かれているため、日本の施設職員研修会のような役割をしているのが、このIFCO（国際フォスターケア機構……子ども中心の社会的養護と家庭養護の促進と援助を目的とする）だと知り、海外のレベルの高さに舌を巻きました。

その2年後の2007年11月には、ポルトガル・リスボンで開催された「国際児童虐待防止協会大会」において、次のような発表がありました。紹介者は、京都府立大学教授の津崎哲雄先生（児童福祉学）です。

「幼い子ども（0〜3歳）を親（あるいは親代わり）のいないままに入所施設に委託するのは、愛着障害、発達遅滞、脳発達における萎縮《いしゅく》性の観点からは危険な状況にさらすことだといえる。したがって、乳幼児期、親（や親代理）による養育（ペアレンティング）の機会を奪われることによって引き起こされるネグレクトと損傷は、こうした幼児に暴力を加えるに等しい」

ここでも、施設での養育が、社会的なネグレクトであると警告されています。

施設は最終的手段であるべき

さらに、子どもの代替的養護に関する国連指針（２００９年）にも、次のように述べられています。

「専門家の支配的な意見によれば、幼児（特に3歳以下）の代替的養護は、家庭的環境で提供されるべきである。この原則に対する例外は、緊急時の措置、非常に限られた期間であるか、家族の再統合または他の適切な長期の養護案がある場合、兄弟の分離を防ぐためにならば正当化されるであろう」

このように、親の世話が得られない子どもの社会的養護において、「家庭養護を推進する」という方向性は、特に3歳以下の乳幼児に対しては、確固たるものになっています。

第1章でもお伝えしましたが、日本以外の他の先進国の家庭養護の割合は、オーストラリアでは93・5％、アメリカでは77％、お隣の韓国でも43・6％の子どもが里親に預けられているのに対し、日本では12％の子どもしか里親に預けられていません。

日本財団が2013年12月に行った特別養子縁組の国際シンポジウムの際にも、子どもの福祉に基づいた養育環境の優先順位が示されました。

【子どもの養育環境の優先順位】
（1）生物学上の親
（2）生物学上の親戚または非常に近い関係性の個人
（3）国内養子縁組（子どもの出生のコミュニティや文化にできるだけ近い）
（4）国際養子縁組
（5）一時的な里親の保護

（6）施設による保護

日本では、児童福祉法に基づき、子どもの委託先を決める児童相談所が、「社会的養護の中心は施設養育」としていることが、常態化しているのです。まさに「日本の常識は世界の非常識」ということです。

なにも欧米に右へ倣《なら》えということではなく、施設養育の実態、そこを出た子どもの行く末を知り、当事者である子どもの声にも耳を傾けていただければ、「要保護児童の問題が、この日本で置き去りにされてきた」ということが、わかっていただけると思います。

パーマネンシーがいかに大切にされているか――アメリカ

日本に「愛着障害」の問題点を警告した先駆者である、ヘネシー・澄子《すみこ》さんという方がいます。横浜市出身で、ニューヨークのフォーダム大学・大学院を卒業。ニューヨーク大学の助教授などを経て、デンバー大学の社会福祉学の博士であり、東京福祉大学の名誉教授もされています。現在は夫のリチャードさんとデンバー市郊外にお住まいです。

そのヘネシーさんは、本書の執筆を知って、こんなことを伝えてくださいました。

「私が１９６１年にニューヨークに行ったとき、大学が始まる前にボランティアをした病院では、すでに、婚外妊娠をした女性が赤ちゃんを産みに来て、養子縁組をする親たちが引き取っていく、ということがされていました。私たちボランティアは、その養親さんたちが遠くから病院にいらっしゃるまでの間（２日間くらい）、一人ひとりの赤ちゃんを抱いて哺乳をすることをしていました。つまり、１９６０年代の初めから、すでに新生児養子縁組が始まっていたのですね。

アメリカの場合には、産みの親から分離された子どもは、施設ではなく、すぐに里親宅に預けられます。ソーシャルワーカーは、産みの親が（薬物依存などで）おそらく立ち直れないだろうと判断すると、最初から『パラレルプラン（二重プラン）』を立てます。

とりあえずは『いずれ親のもとに帰るプラン』で、子どもは里親宅に行きますが（産みの親に対しては、どのような治療やセラピーを受けねばならないかをしっかり裁判所が命令できるようになっています）、里親として選ばれるのは、産みの親が立ち直ることができずに親権が剥奪《はくだつ》された場合には、養子縁組をしたいと言っている方たちです。つまり、『いずれ親のもとに帰るプラン』から、途中で『養子縁組プラン』に変更されても大丈夫なように措置しているのです。

措置から6カ月後に、産みの親がどのくらい変わったか、子どもを引き取るためにどのくらい努力をしたかが見られます。親の状況が改善されていない場合には、親権停止のままさらに6カ月、親権剥奪を延期しますし、もし親が協力的でない場合には、その場で親権が剥奪され、その時点で里親が養子縁組をできるようにします。

この場合、子どもは、他の里親さんのところや施設に行かなくても済み、そのままその家の子どもとなるのです。子どもをできるだけ動かさないようにという配慮です。

里親の中で、措置費がないと子どもを育てられないという方たちは、養子縁組をしても、里親のときと同様に子どもが18歳になるまで養育費を受け取ることができます。

こちらではいかにパーマネンシーが大切にされているかがおわかりになるのではないでしょうか」


いかがでしょうか。あまりの彼我《ひが》の差に、言葉も出ないのは、私だけではないと思います。

ここに出てくる「親権の剥奪」については、私も次のような経験があります。

2003年9月に、オレゴン州を初めて訪問したときです。

オレゴン州の対人援助局では、虐待の結果、裁判所が子どもをとりあげて、実親に親権放棄させるケースを扱い、養子縁組や里親委託による第二の家庭養育をはかっていました。日本の児童福祉法に相当する連邦法は、「児童の養子縁組と家族安全法（Adoption and Safe Families Act）」ですが、オレゴン州には、実親に責任を負わせるため、さらにきつい州法があり、親権の停止と回復の過程では、迅速に支援する体制が整備されていました。すなわち、虐待をする親に対しては、12カ月間の「親業治療命令」が出され、12カ月後に治療結果が未完の場合には、親権剥奪をして、第二の家庭養育へ移行させる措置をしていたのです。

安定した家庭養育を重視するこの体制に、当時も舌を巻いたものでしたが、２００７年６月に、３度目のオレゴン州訪問をしたときにはさらに驚きました。なぜなら、この「12カ月」では子どもにとって長すぎるということで、治療期間は６カ月に短縮されていたからです。ここにも、子どもにとっての時間を非常に大切にする姿勢がうかがえます。

なぜ施設養護が主流になってしまったのか

日本で、親と暮らせない子どもの施設は、かつては孤児院と呼ばれていました。１９４５

年8月、第二次世界大戦で日本が敗戦した後、戦災孤児が街に溢《あふ》れていた時代に、お寺やキリスト教の教会などが中心になって作られました。初代の施設長たちは、それこそ身を粉《こ》にして、自分のことは犠牲にして、親のいない子どもたちを守ってくれていたのです。

1947年、児童福祉法が制定されて、孤児院は児童養護施設へと改称されました。児童相談所から、次々と子どもたちが施設へ送り込まれてきます。充分とはいえなくても、国も施設養護に要する費用を負担せざるを得ません。ただし、個人に対して公金を支出できないため、国は施設に、非営利組織の社会福祉法人登録を義務づけました。それに呼応して、施設の規模が拡幅され、職員も増員されることになり、企業的に「施設を経営していく」という考えが優先されるようになったのです。

やがて、高い理念を掲げていた初代の園長や施設長が亡くなる時代となり、その妻や息子、娘たちが跡を継ぐようになりました。施設は本来、公的に認可された社会福祉法人ですから、定款に基づき、理事会によって公平に、適切な施設長を選出しなくてはなりません。しかし、実態としては、家族経営のような世襲制の施設が少なくありませんでした。

某施設の例です。初代の施設長は、子どものために熱意をもって運営なさっていましたが、その息子が大学を出て施設に戻ってきて、まもなく2代目の施設長になりました。すると、あろうことか、施設で一生懸命子どものために尽くしてきた、経験豊かな年長の保母さんや指導員さんを、横柄な態度で「部下」扱いしている様子がうかがえました。

子どもの命を預かる児童福祉施設の適切な運営は、大学を出たばかりの経験のない人にできるような仕事ではありません。初代の施設長さんから右腕のように信頼されてきた、経験の豊かな指導員さんの方が、次の施設長の資格は充分にあるはずですが、未熟なまま施設長となった息子さんが施設を私物化し始めました。

時代の流れでもありましたが、設立時の志から離れてしまったこのような施設は、入所してきた子どもたちに対しても、「経営」目線で見てしまいがちです。

たとえば、定員が50人の施設で、40人しか入所児童がいない場合、「暫定定員落ち」ということになり、今までの50人分の措置費（交付金）がカットされるのです。

この場合は、翌年一年間の統計を取り、また70〜83％ほどを回復すれば、元の定員分に戻せるような、弾力的な措置はありますが、そのまま減り続ければ、措置費は少なくなります。一度採用した職員を簡単には解雇できませんから、子どもをもっと迎え入れる必要がありますす。どこに頼むのか、といえば、児童相談所です。

子どもが少ないときは、施設長さんが菓子折を持って児童相談所にやってきます。反対に、子どもを入所させる施設が足りなくなると、児童相談所が施設に、「一時保護などでなんとかなりませんか」とお願いすることになります。

少子化の一途をたどる日本で、児童養護施設の設置数と入所児童の数が増えているのは、虐待や育児放棄などが増えている影響ももちろんあると思いますが、主因としては、児童相談所の基本姿勢に「パーマネンシー・ケア」の考え方が欠落していることにあると思います。このような、目先の都合に合わせた社会的養護の改善が急務です。

厚生労働省からの通知――「家庭養護」に舵取り

当然ながら、日本の社会的養護が施設養護に偏っていることについては、厚生労働省も認識し、特徴として、「施設養護9：家庭養護1」であることに加えて、大規模施設が多いということを指摘しています。

第1章でもご紹介しましたが、重要なので再掲します。平成23年7月27日付で、各都道府県・政令市等宛てに、厚生労働省雇用均等・児童家庭局の総務課長と家庭福祉課長、母子保健課長の連名による「妊娠期からの妊娠・出産・子育て等に係る相談体制等の整備について」という通知文が出されました。そこには、

・相談者が匿名を希望した場合であっても相談に十分応じること。
・養育できない・養育しないという保護者の意向が明確な新生児については、妊娠中からの相談を含め、出産した病院から直接里親の家庭へ委託する特別養子縁組を前提とした委託の方法が有用である。

などと明記されていました。

これを初めて目にしたとき、過去に例のないような大胆かつ画期的な文言を、私はにわかには信じられず、我が目を疑いました。私の在職中に出会いたかった通知です。

現実の社会では、若年女性などが予期しない妊娠で、誰にも打ち明けられずに、自宅でひっそりと出産する例が少なくありません。熊本の慈恵病院が24時間対応している無料の電話相談には、全国からSOSの相談が殺到しています。

思いあまって赤ちゃんの首を絞めて殺害し、死体遺棄で逮捕された女子中学生や高校生の事件も、たえず新聞やテレビで報道されています。

一方で、110番や119番に「××で赤ちゃんの泣き声がする」と匿名で電話が入り、無事に保護された置き去り赤ちゃんもいます。

このような状況の中で、今後は、レイプ被害などの予期しない妊娠で出産し、どうしても育てられない赤ちゃんについては、母親が児童相談所に、「匿名で」身元を明かさずに託すことができるようになったことを明確に示しているのがこの厚生労働省通知です。

さらに、この通知には、このようなすでに産まれた赤ちゃんや、置き去りにされた赤ちゃんの保護ケースだけではなく、妊娠中からの女性の相談にも対応すべきで、その際には、出産する病院から直接、里親の家庭へ委託する、特別養子縁組を前提とした委託の方法もあると、明記されています。

産みの親が育てられない赤ちゃん、あるいは置き去りにされた赤ちゃんを保護したら、直ちに小児科医師の診察を受けるとともに、併行して養子縁組の検討を進めなければなりません。

「それにはリスクがある」というご意見の方もいます。後になって産みの親が現れるかもしれない、親の気が変わるかもしれない、赤ちゃんに何らかの病気が潜んでいるかもしれない、託した養親がきちんと育児できるかどうか安心できない……などの理由からです。

その点に関しては、民法によって、家庭裁判所が産みの親の意思を慎重に確認するとともに、育ての親の育児状況を審査するため、６カ月以上の期間が定められています。

ですから赤ちゃんは、最初から乳児院ではなく、養子縁組を希望する里親さんに委託して、家庭裁判所の審判により特別養子縁組が成立したら、そのまま親子関係を継続する、とすることができるのです。

産まれてすぐの３カ月間が、赤ちゃんにとって、愛着の絆形成の視点から見てもっとも重要であるという識者の指摘を忘れてはなりません。

ところが、「まずは様子を見る」ということで、多くの児童相談所が赤ちゃんを乳児院に措置してしまっています。長期間、乳児院や児童養護施設に預けた後に里親家庭へ委託すると、その間に反応性愛着障害を発症させてしまいます。そのリスクに、ぜひ気づいてください。

全国の児童相談所が、パーマネンシーの視点が欠落しているこの初期処遇の誤りに気がついて、厚生労働省の通達を受け入れ、これまでのやり方を変えてくれれば……、とりわけ、生後間もない時期に置き去りにされた赤ちゃんにとって、とても大きなメリットとなることは言うまでもありません。

乳児院などの施設も一定数は必要

私の言動や活動を見て、「乳児院をつぶそうとしているのではないか」と警戒される方も多いと思います。もちろん、家庭養護を進めることが前提ですが、一方で乳児院も、ある一定数は必要だと私は考えています。

火事が起きなくても消防署は必要です。消防署がもし、前の年の火事の件数で消防士の人数を減らしたり、消防自動車を廃車にしたりしたら、とんでもないことです。それと同様に考えていただければわかりやすいでしょう。さまざまな事情で、緊急保護を要する子どもは出現するからです。

私は、現在のような形の、限られた数の乳児院ではなく、地域に密着し、中学校校区に1カ所といった具合の分散型の乳児保護システムを構想しています。乳児院の看護師さんや保育士さんたちは、子育てのノウハウを身につけていますので、そうした人が結婚や育児のために退職なさった後などに、専門の里親として、乳幼児養育の特別資格を与えて、一定区域に1軒くらい、緊急のときに乳幼児が宿泊させてもらえるような仕組みを作ってはいかがでしょうか。

たとえば核家族のシングルマザーさんが、「医療手術で入院が必要となり、赤ちゃんを育てられない」というようなときにも、その里親宅を利用できます。両親が揃っている家でも、突発的な病気でどちらかが入院したときに、子ども連れでは入院や付き添いもできませんから、そういう場合も利用できるようにします。

この緊急避難先里親には、乳児院や養護施設での経験をお持ちの方に登録してもらう。ニーズがない場合でも、月額2万〜3万円の維持管理・通信連絡費用をお出しして、「いざというときに助けてください」とすれば、登録してくれる人は増えると思います。

こうした仕組みで、遠方の乳児院まで行かなくても済むようなケースには、緊急保護家庭で育ててもらうのです。保護が長期化しそうなケースになったときは、将来を見通してパーマネンシープランを立てて、必要ならば、養子縁組を中心とした里親委託に切り替えていきます。

また、ピンチヒッター里親として、地域社会の力を借りることもできるのではないでしょうか。たとえば、里子を入院中の実親のところに連れて行くときに、車の調子が悪かったら、「ちょっと一緒に乗せていってくれませんか?」というようなサポートをしていただく。そうやって、地域のみんなで子どもを守るという目を育てる。若い世代には、いろんなアイデアが湧いてくる方もいらっしゃるのではないでしょうか。

このような仕組みが、一般家庭でも利用できる子育て支援制度につながれば、産みの親ばかりに子育てを押し付けないという意識が広まります。社会がすべての子どもたちに目配りをして、子どもたちを愛着障害にせずにみんなで育てていくための環境整備が、必要なのではないでしょうか。

そうすれば、これまで子どものための施設で力を尽くしてくださった職員の方の能力を活かしていただけます。施設の職員の方と敵対する形で日本の家庭養護を進めるのではなく、みなさんの力を合わせることができる作戦を、行政主導で構築すべきだと考えています。

第4章　「愛知方式」とは——子どものための縁組

性別、病気や障がいの有無は一切不問

特別養子縁組が、「子どもの権利・福祉・利益」を保障するための制度であることは、繰り返し述べてきました。養子を迎えるご夫婦には、「子どもが欲しい親のための制度ではない」ということをご理解いただいて、縁組を進めています。

愛知方式と、全国的に多くの児童相談所が行なっている養子縁組とでは、この点に大きな違いがありそうです。

私が児童相談所に異動して非常に驚いたのは、子どもが欲しい里親さんたちに、養子に出すことが可能な乳児院の子どもの一覧表を渡して、「乳児院に行ってみて、どの子が欲しいか選んできてください」というやり方をしていたことでした。

さすがに現在は、個人情報保護のしばりで、一覧表を渡すようなことはしないまでも、「里親に子どもを選ばせる」というやり方は残っているようです。まず里親の希望を聞いて、「女の子が欲しい」と言えば、「じゃあ女の子を」とお世話をしている、といった具合です。

これはとんでもない人権の侵害です。子どもを選別させ始めたら、不満が出てきたときに、「私はこんなつもりじゃなかった」と、子どもに罪を着せることにもなります。

「赤ちゃん縁組は、子どものためである」という証《あかし》として、私は、養親候補のご夫妻に、

次にご紹介する9つの条件を受け入れていただき、その書面に署名をお願いしてきました。

誓約書

私たち夫婦は、予期せぬ妊娠をされた女性の立場と出産後に養子に出したいという辛い気持ちを理解して、出産される赤ちゃんを特別養子として私たちの家庭に迎えることを決意し、児童福祉推進のための里親や養親の役割も充分理解して、下記のとおり誓約いたします。

記

1　出産後、産院等又は児童福祉関係者から、赤ちゃんの引き取り許可を受けたその日から、私たちの家庭へ赤ちゃんを迎え入れて育てる決断ができております。

2　私たちは、妊娠中の母体保護と胎児の安定に協力し、元気な赤ちゃんの誕生を祈って待機しており、このことを妊婦さんへ告げて安心させてあげることに積極的に賛同いたします。

3　家庭裁判所による養子縁組成立の審判以前に、産みの親から子どもを引き取りたいという申し出があった場合は、児童福祉専門職者の意見を参考とし、真に子どもの幸せになることであれば、私たちがどのように辛くても育てた子をお返しいたします。

4　子どもの性別を選びはせず、実親側の妊娠経過について、どのような事情があろうとも、赤ちゃんには責任のないことであり、一切不問として育てます。

5　わが子を出産する場合と同じ覚悟で待機しており、分娩後の赤ちゃんの障がいの有無で家庭引取りを左右したり、養子縁組許可申立てを取り止めるような身勝手はいたしません。

6　生まれた赤ちゃんに重度の慢性疾患や障がいがあったり、未熟児分娩であったりしたため引き続き入院継続を要し、将来にわたっても、専門施設等での療育が必要とされる場合でも、私たちがこの子の親となる決断をしたことを変える考えはありません。

7　発達に関して障がいのある児童でも、親を持ち、家庭で育てられる権利を有することに変わりなく、情緒的安定が必要であり、産みの親に替わって家庭内で養育する環境を用意しなければならないことを理解しており、万一そうした状態となったときは、所管する児童相談所等の療育指導を受けて保護責任を全ういたします。

8　養子に迎えたわが子には、産みの親と別れた経緯を知る権利があることを理解し、将来、適切な時期を選んで産みの親を傷つけないように配慮しつつ、真実告知いたします。

9　子どもが堂々と胸を張って生きていける明るい養子縁組家庭を築くとともに、私たちの後に続く同じ立場の親子のため役に立つならば、私たちの体験を伝える会合への出席や説明を積極的に担当いたします。

この誓約書の内容は、物言えぬ子どもを代弁しているつもりです。厳しいと思われますか?

縁組希望者のうち、最終的に残る候補者はわずか

条項の4、5、6は、子どもを選別しないということです。その条件は、出産を経て実子を育てている人と同じですし、特別養子縁組は、「子どもの利益のための制度」ですから、大人が子どもを選ぶことなどは認めてはなりません。

繰り返しますが、性別や障がいの有無で子どもを選んでしまうと、後になって「自分が考えていた子と違う」となりがちです。

児童相談所で赤ちゃん縁組が進まない理由の一つに、「産まれた直後では赤ちゃんに病気や障がいがあるかどうかわからないため」ということがあります。後になって「病気がわか

ったので育てられません」と抗議されることを恐れているからです。

これは、「障がいのある子であればいりません」と子どもの選別をする親を容認する行為です。しかし、児童相談所は、すべての子どもに家庭で育てられる権利があることを擁護しなければなりません。

ましてや、産みの母親が養子縁組で手放す子どもは、さまざまな事情を抱えて悩み抜いた女性のお腹の中で過ごしてきたハイリスクベビーです。私は養親希望者さんの説明会で、はっきりとそれを告げています。こうした事情をすべて理解し、受け入れてくれる夫妻を選んで赤ちゃんを託してきました。

レイプなどによる妊娠中からの相談例で、県境を越えて仲介した赤ちゃん縁組のケースでは、育ての母親となる人は、近所の人たちに体型を見られたくない若い妊婦さんと、お腹の赤ちゃんを気遣い、自宅に引き取ってホームステイさせてくださったこともありました。

また、遠方に住む妊婦さんの母親代わりを務めてくださり、産院への定期検診に付き添って車で送迎し、妊婦さんが安心して出産できるように心身共に支えとなって、分娩にも立ち会って妊婦さんを励ましてくださった育ての母親の例もあります。

さらに、9番目の誓約事項は、新聞やテレビなどの取材にも応じていただきたいということとを示しています。

「赤ちゃん縁組について、何をきっかけにお知りになりましたか?」とお尋ねすると、「新聞を読みました」「テレビのドキュメンタリー報道で知りました」という方は多いです。

「それならば、次はあなたがたの体験を新聞やテレビでお話ししてほしい。同じように情報を待っている方のためにも」とお伝えすると、みなさん「えっ?」と戸惑いを見せます。

もちろん、取材するメディアやその目的が、特別養子縁組に対して理解があり、良心的な内容であることを確認したうえでのことですが、「顔を隠さずに実名でお話ししていただきたい」と伝えると、おおよそ30組の中で25組くらいは、「そこまではできない」と辞退します。

残りの5組の方の中にも、内心は気が進まない人が含まれていますので、最終的に「この方なら大丈夫」という方は、1組くらいということになるのです。

夫婦の間には血縁はなく、結婚式はおめでたいことだと「披露」されます。しかし、なぜか、親子結びの養子縁組は隠したがる人が少なくありません。養親のマイナス思考は、子どもにも暗い影を落とします。

堂々と胸を張ってほしいと私は願っています。

年齢制限を理不尽に思う方に

特別養子を迎える親の年齢について、愛知方式では、その差が40歳を超えないことを原則としています。ですから、赤ちゃんの時点で縁組をする場合は、親となる方の年齢は40歳までということになります。

不妊治療を続けてこられたご夫婦が、治療に見切りをつけて、養子縁組に初めて目を向けるのが、40歳を過ぎてからというケースが多いのは承知しています。40歳以上の方からは、「私はまだ元気です」とか、「年齢制限されるのは不当です」というご意見もいただきます。たしかに、世の中のさまざまなことが年齢によって制限されることで、私自身もいい思いをしないこともあります。

しかし私は、子どもがこの世で親子一緒に暮らせる時間が、一年でも長い方を選ぶことが、子どものための福祉であると考えます。

30歳の親と50歳の親であれば、子どもにとっては、この世で親と暮らせる期間に「20年間」の開きがあるということになるからです。

大人の権利という側面から見れば、40歳という年齢で区切られる必要はたしかにありませんが、私はソーシャルワーカーとして、まだものが言えない子どもの立場で、赤ちゃんの権利を擁護してきました。専門用語でいえば、子どものアドボケイト（代弁役）ということです。

年齢制限については、民間のあっせん団体では、必ずしも40歳という制限を設けていないところもあります。年齢で親としての資質を問われるのはいかがなものか、という議論もあるかとは思いますが、愛知県の児童相談所が行なっている親の年齢制限は、「子どもの権利」に基づいた方針であるということをご理解いただけたらと思います。

この誓約書や年齢制限については、「行政だから厳しい」とか「融通《ゆうずう》がきかない」ということではありません。愛知県以外の児童相談所では、このような誓約事項がないところがほとんどだと思います。ほどほどのところで妥協しているのでしょう。それでも問題なく縁組できるケースが大半だとは思います。

しかし、厳しいと思われるかもしれませんが、これらのすべてを受け入れてくださる覚悟がない方には、赤ちゃんの命は託せないというのが私たちの方針なのです。

それは、くどいほど強調しますが、赤ちゃん縁組はあくまでも「子どものため」の制度であるからで、それでご辞退なさる人を非難するわけではありません。

精神的「つわり期間」を経て

こうしてすべてを受け入れてくださった養親さんにとっては、条項3に記したように、数カ月とはいえ我が子として育てた子どもを、手放さなくてはならないことになったら、それはとても辛いことだと思います。

置き去り赤ちゃんを家庭に迎えたとして、一般的には約6カ月以上の調査期間を経た後に家庭裁判所から許可が出て、晴れて親子になります。ところが、この6カ月の間に、行方をくらませていた親が戻ってきて「子どもを返してくれ」と言い、その親が裁判所から「立ち直って子どもを引き取ることが可能」とみなされたら、「この養子縁組の申し立ては却下する」ということになります。

それまで愛情を込めて育てていたとしても、そこはあきらめるしかありません。

私はこの6カ月の審査期間を、「精神的つわり期間」と呼んでいます。養親さんには、「もしかしたら、却下という事態、つまり子どもを授かれないこともあります。そのことも頭に入れておいてください」とお伝えしているのです。

この期間、子どもは法律上「同居人」という扱いとなります。小児科にかかっても、親とは違う苗字で呼ばれることになります。ですから、縁組をした養親さんは、養子縁組の成立を待ち望んでいます。

家庭裁判所からの確定通知が届き、晴れて夫婦の戸籍に入ると、みなさん「名実ともに親子になれた」と、感無量なのです。

養子縁組が成立したお祝いの席に同席する機会がこれまでもありましたが、養親さんの喜びようはもちろん、その事情もわからない赤ちゃんまでが、とても安心した表情になっているのが印象的でした。

真実告知をしなければならない理由

条項8には、真実告知について「必ず行なう」ということを明記しています。

赤ちゃん縁組をして、戸籍には「実子」と記されて、順調に親子関係を築いていけるのなら、「養子として迎えたことは、あえて言わなくてもいいのではないか」というご意見をおうかがいしたこともあります。

しかし、愛知方式の取り組み例にも「真実告知をすること」と記していますし、これについては、ほとんどの民間のあっせん団体でも、同様のことを示されるでしょう。

まず、子どもには「出自を知る権利」があります。近年、精子提供による不妊治療で産まれたお子さんの、自らのルーツを知る権利をどのように守るか、ということが議論されています。ある一定の年齢になったとき、「自分はどこから来たのか」ということを知りたくなるのは、当然のことでしょう。

これも「子どもの権利」の一つなのです。ですから、育ての親は、知りうる範囲のことを子どもに伝えてあげる必要があります。

こうした「出自を知る権利」があるという以前に、共に暮らす親子間で、本当のことを隠し通すことはできないでしょう。もしこのことが、養親の口からではなく、他の人の口から知らされたらどうなるでしょうか。

「ボクはもらいっ子だって友達のおばあちゃんがそう言っていたらしいけど、本当?」と詰め寄られ、その後の親子関係の修復に非常に苦労をなさった方もいるのです。

子どもの「出自を知る権利」を守るのも、また親の役割であり、伝えられた子どものほとんどが、たとえそのときに戸惑っても、しばらく時間を置いた後に、養親と周囲の大人に対して、感謝の気持ちと、縁あって親子になれた喜びを表してくれるのです。

当然ながら、子育ては甘いものではありません。反抗期に手を焼くのは、どの親とて同じでしょう。もし、親子間に何らかの対立が訪れたとき、それを決定的なものにしないためにも、真実を共有し合っていることはとても大事です。

育ての親が集まる「絆の交流会」では、どのように真実告知をするかというテーマで経験者から体験談をお聞きしたり、告知のときに備えてロールプレイ（役割り演技）をすることもあります。

私が養親さんにお願いしているのは、産みの親のことを「産んでくれたお母さんだよ」という言葉で表現しないでくださいということです。なぜなら、お母さんは、今、その子を育てている人だからです。子どもにとっては、産まれたときから「育ての親」がお母さんなのです。そこにあえて、もう一人「産んだお母さん」がいるという表現をすると、子どもは混乱してしまいます。

ましてや「本当のお母さん」という言い方をしてしまったら、育ての親は「嘘のお母さん」になってしまいます。ですから、「産んだ人」あるいは「産みの女性」という言葉を使っていただくようにアドバイスをしています。

産みの親の写真と手紙を残しておく

将来の真実告知のときのために、私は産みの女性に、「可能ならば、赤ちゃんを抱いた写真を撮らせてもらえますか?」とお願いしています。その赤ちゃんが大きくなって、真実告知をしたあとに、「自分のルーツを知りたい」と言い始めたとき、「この人があなたを産んだ人だよ」と見せてあげたいからです。

また、写真以外にも、「もし良ければ、この子が大きくなってから読めるような手紙を書いてください」とも頼んでいます。

冒頭のエピソードでもご紹介しましたが、森﨑さんご夫婦は、「大きくなった悠貴くんへ」という手紙を大切に保管なさっています。その手紙には、なぜ産んでも育てられなかったか、なぜ育ての親となってくれた夫婦を信頼したかが、書かれています。それは、小さな命の幸せを第一に考えた、重い決断と苦悩が率直に記されている、涙の跡が残る手紙です。

こうした写真や手紙を残しておくのは、子どもの知る権利を保証するためでもあります。真実告知を経てもなお、子どもは、「なぜここに迎えられたのだろう?」と、思いを巡《めぐ》らすものです。これが反抗期であったりすると、「勝手に連れてこられたのでは?」などと余計な妄想を膨《ふく》らませることだってあるかもしれません。

だいたい中学2～3年生くらいになると、子どもは自分のルーツ探しをしたがる時期になります。「産んでくれた人のことを知りたい」と改めて言ってきたときに、「こういう手紙をもらっているよ」と、写真と手紙を見せてあげれば、安心するでしょう。

ただし、もし子どもがそれほどルーツを追求しないのなら、「ほら、ほら、これを見なさい」と押し付けなくても大丈夫です。そのあたりのさじ加減は、十人十色ですから。

中には、「会いたい」と言い出した子もいます。養親さんから連絡を受けて、「ならば探してみよう」ということになりました。ところが、居所がわかると、その子は「もういい」と言いました。「生きているとわかればそれでいい」と満足したとのことです。

産みの女性と子どもとの関係

産みの女性と子どもが実際に面会をした例もあります。

子どもがすでに成人し、社会に出てからのことです。養親から私の方に、「産んだ人が生きているなら、うちの子が会いたいと言っています」と連絡がありました。「ならば、探してみようか」ということになり、養親さんが大切に保管していた家庭裁判所の審判記録などを見せていただき、その女性の親族に当たる方に手紙を書きました。

すると後日、私の自宅にその女性から電話がありました。「子どもには悪いことをした」と涙声です。「あなたが『会いたい』と言えば、そうしますし、『今はもうとてもそれどころではない』というなら、私がとりなして、『今は会えませんよ』と伝えます」と返事をしました。

女性は、再婚して子どももいましたが、養子に出した子の存在は伏せているそうです。「本心ではぜひ会いたい」ということでした。ならば、ということで、夫たちに気づかれないよう、平日の午前中に、私の自宅で双方をお引き合わせしました。

女性は顔を見るなり大泣きです。一方、子どもの方は、不思議そうな、「好奇心の塊《かたまり》」という表情でした。

後日、双方から「やっと胸のつかえが取れた」と、電話で報告がありました。

子どもが「産んだ人に会いたい」という心情は、どんな人なのか一目見たいだけで、一度会えば「満足した」と、納得することが多いようです。

別の例です。中学3年の受験勉強真っ盛りに、「産んだ人に会いたい」と言い出した女の子がいました。しかし、生きていることがわかったら、「もうそれで充分！」と満足して、気持ちを切り替えて勉強に励み、希望の高校に見事合格しました。

たとえてみれば、幼い頃に父親の転勤に従い引っ越しをした経験のある人が、長じてから幼児期を過ごした土地を懐かしみ、一度、そこを訪ねてみたいと思う心情に似ています。もしも、その地に強く惹《ひ》かれて、現住地からそこへ転居したいと願うのであれば、現状に関して、孤立無縁状態であるなど、何か問題があるかと推察されます。

子どもたちの視野が広がり、心も揺れる中学生頃に、こうした話になることもあるでしょう。そこは、大人たちが子どもの気持ちに寄り添いながら対応してあげれば、子どもは満足するもののようです。

産んでくれた人との関係も心に

特別養子縁組は、法律的な実親子関係を終わらせる制度ではあります。だからといって、産みの親と子どもの「親子以外の関係」や気持ちまでを断つことが、そこに求められているとは、私は思いません。

養親さんたちの自主交流会で、里親として里子と養子縁組をなさったお母さんが話してくれたことがあります。

A子さんは、16歳でカズくんを妊娠・出産し、19歳のとき一人で家出したまま行方がわからなくなってしまいました。カズくんの20歳の父親（＝Ａ子さんの夫）は、カズくんの将来を考え、養子縁組の可能性を含めて、里子委託に同意しました。母親に置き去りにされてから、約3カ月間、２歳のカズくんは、父親の知人宅に預けられ、知人の実子たちに遠慮する習慣ができていました。

里親委託をして里親宅に移ってから3日目のこと、カズくんは、父親の知人の実子たちを真似して、里母さんをそっと「お母さん」と呼びました。

結婚して10年が過ぎ、初めて「お母さん」と呼ばれた感動で、里母のＳさんは目を潤《うる》ませました。ほどなく、Ｓさんは、カズくんが「ママがいっちゃった」と、産みの親と育ての親を、「ママ」「お母さん」と呼び分けていることに気づき、その繊細ないじらしさに、声も出ず、カズくんを抱きしめたということです。

１年後、特別養子縁組が認められました。やがてカズくんが、小学校に入学するとき、真実告知をしました。そのときに、「カズくんが来てくれて、どんなにお父さんとお母さんは嬉しかったことか」と伝えました。

翌日、カズくんは、大威張《おおいば》りで「ぼくが来てお父さんとお母さんは喜んでくれたんだ」と、クラスの仲間にそのことを吹聴《ふいちょう》しました。しかし、こうした養子縁組の話を、小学校の１

年生が実感的に理解できるはずもありません。友達からは無視に近い反応にあって、カズくんの意気込みはしぼみました。

それから数カ月後、カズくんは、偶然、お母さんの大切な宝物を目にしました。それは、自分の母子健康手帳。「あなたが産まれたときのことが記されている大切な手帳なのよ」という説明を受けて、カズくんは叫びました。

「お母さん、あした、それを学校へ持っていくから、ぼくに貸してよ。これを見せれば、きっと皆が信用してくれるから」と言ったそうです。

自分を産んでくれた人のことも心に留め、養親からも大切に育てられていることを嬉しく思っているカズくんの、率直な気持ちが表れているエピソードだと思います。

告知をしなかったことで起きた苦労

私は、養子縁組希望者説明会では、誓約書の8番目にある「真実告知」の重要性について、ある失敗例をご紹介してお伝えしています。自分が産んだ子だと偽《いつわ》り、特別養子縁組の「長男」が養子であることを隠し続けていた養母さんの話です。

その養母さんは、思春期に入った我が子に手を焼き、あまりにも反抗的な態度に、冷静さを失って、思わず、「あんたは産んだ人の血を引いているから……」と、口走ってしまったのでした。

男の子は、それまではクラスで優等生で、従順な子でしたが、「嘘つき！　友達の親から言われて、俺はもらいっ子じゃないのかって聞いたときに、違うって言ったじゃないか。これ以上、産んだお母さんのことを悪く言ったら、おまえを殺してやる！」と怒り狂いました。

それから彼は、学業を放棄して成績は急降下、非行集団に染まるようになり、高校進学にも失敗するなど、たいへんな苦労をされました。このようなケースを説明会でご紹介して、適切な時期に真実告知をすることが、いかに大切かをお伝えするとともに、くれぐれも、「産んでも育てない無責任な母親だった」などと、産みの女性を非難するようなことのないように、強く戒《いまし》めています。

一方、産みの女性のその後はどうでしょうか。

私は、サポートした女性に、「この赤ちゃんがどんなふうに育っているか知りたかったら、写真をもらえるように、私が仲立ちしますよ。遠慮なく言ってください」と伝えています。これまで何十人もの女性にそう声をかけてきましたが、後年に「写真を欲しい」と言ってきた人はいません。

これはどういうことを意味すると思われますか？　私は、産みの女性は、この出来事にピリオドを打っているのだと思います。赤ちゃんは手放したけれど、迎えてくれた先の家庭で喜んで受け入れられて、幸せに育てられる、ということで気持ちに区切りをつけ、人生を再スタートしているわけです。

結婚なされば、周囲に事実を伏せている可能性もあります。手放した赤ちゃんが大きくなったと写真をもらっても、嬉しいだけではないでしょう。自分の気持ちを整理して、懸命に決断したわけですから、見るのが辛い人だっているのです。

一般論に固執する人は、「産みの母親は子どもに愛情を持っているはず」という形式論に走ってしまいがちですが、そのあたりは察してあげてほしいと思います。

妊娠中からの相談対応が大切な理由

プロローグでもご紹介した通り、愛知方式では、育ての母親になる人が、妊娠後期から分娩後まで、妊婦さんを「ホームステイ預かり」をしたこともあります。育ての親になる人が、出産時に付き添い介助もして、産まれた子の親になるのです。

こうしたケースでは、「産む人も、育てる人も、同居親族も、皆で力を合わせて、小さい赤ちゃんの幸せを第一に考えよう」という同意のもとで、最善のケースワークになったと思います。

ところが、ほとんどの児童相談所では、予期しない妊娠を強いられた女性からの「産んでも育てられない」という相談に対して、「産まれたら乳児院に保護しますから、それから相談に来ていただかないと、今からはまだ対応できません」と追い返しているのが現状です。愛知県も、以前はそうでした。

しかし、妊婦さんがまだ学生の場合などでは、自宅の周辺で近隣の人に気づかれないように配慮してほしいのです。高校生の場合は、「妊娠・出産した」ということが学校に知れたら、ほとんどの場合、退学させられてしまいます。

成人女性であっても、臨月が近づいたら、パートに出ることもできなくなり、出産後の生活にたちまち困窮します。こうした状況に追い込まれたとき、何が起こるか想像できると思います。赤ちゃんの命が危険にさらされ、女性は発作的に殺人者となってしまうかもしれないのです。

このホームステイ型は、何例も経験していますが、妊婦さんにとって、とてもいい方法です。知人がいない遠隔地ならば、安心して外に出ることができます。妊婦さんは例外なく、それまでの暗い顔色から、活き活きとした表情に変化します。心身共に健やかに過ごすことができるのは、お腹の赤ちゃんにとっても大切なことです。

事務手続き面では、住民票もいったんそこに移して、妊婦検診をきちんと受け、母子手帳を発行してもらうこともできます。児童福祉司の権限の範囲内で、地域と連携して、さまざまな工夫ができるものなのです。

全国の児童相談所が相互に協力し合って、実践されれば、生後0日に虐待死している赤ちゃんが、どれほど救われることでしょう。私は、祈る思いをこめて、そのことを期待しています。

養親さんにお願いするいくつかのこと

この他、私が養親さんにお願いすることがいくつかあります。

まずは、女性を妊娠させた相手の男性のことを、できるだけ把握するようにしておくことです。これは将来、その子どもが結婚するときのためです。血縁上の父方の名前だけでも把握してもらっておいて、子どもの結婚相手がその血縁上の父親や親戚の子に相当しないかどうかをチェックしてほしいと、養親さんに伝えています。

次に、流産歴のある養親候補さんには、「今まで不妊治療をなさっていたと思いますが、赤ちゃんを迎えますので、これからしばらくは避妊をしてください」と少し厳しめにお願いしています。するとみなさん、きょとんとした表情をされます。

「え？　そんな必要ないです。今まで子どもはどんなに欲しくても恵まれませんでしたから」とおっしゃいます。「むしろ不妊治療でたいへん苦労しましたよ」と、苦笑する方もいました。

しかし、養子の赤ちゃんを迎えたお母さんの中には、心が母性的になるだけでなく、ホルモンなどの作用が微妙に関係して、身体も母性的に変化していくこともあるらしいのです。産婦人科の医師によると、養子縁組で赤ちゃんを迎えた養母から、母乳がわずかですが分泌したという例もあるそうです。

「不妊症」と呼ばれる症状の中には、具体的な疾患が示されない、「なぜ妊娠できないのかがはっきりしない」というケースもあります。流産の経験者は、妊娠の可能性がありますから、必ず「避妊してください」とお願いしています。

また、お子さんがいない里母さんの中には、外見的に年齢よりも若く見えて、未婚女性のような感じの方もいます。ところが、赤ちゃんを迎えて「母親」になると、母性性に満ちあふれて、ふくよかな雰囲気を醸し出すようになります。男性は、母性思慕の感情を抱いていることが多いからでしょうか、「ヴィーナスのような母親」となった妻の姿に刺激を受けることもあるようです。マンネリ化していた夫婦生活に新婚時代のような感情が回復し、「妊娠の可能性」が高まる、といったこともあるようです。

私の知る範囲でも、赤ちゃん縁組をした後で、実子を授かったという例があります。その養親さんからは、「最初に養子でこの子が来てくれて、我が家が幸せになって、そしてまた子どもを授かった。区別なく大切に育てています」というお話を聞いて、ホッとしました。

聞くところによれば、昔は、大阪の船場《せんば》などの大きな問屋さんで、夫婦の間に子どもができないときには、後継ぎが欲しいために赤ちゃんを養子に迎えました。そうして育てていると、実子が生まれることがあり、養子の子を「福の子」と呼んで実子と同様に大切に育て、成長後にのれん分けをするような例があったそうです。

このことを別の面から捉えると、養親となるお母さんが、赤ちゃんの時期から子育てをすることが、どれだけ大切かということがご理解いただけると思います。赤ちゃんを切望していた女性が、産まれたその日に胸に抱くことで、愛情ホルモンであるオキシトシンが分泌されて、母性のスイッチが入るのです。

出産こそしていませんが、あとはふつうに子育てをしている親と何も変わらずに、愛情を注いで子育てをしていただけるのです。生物学の「インプリンティング（刷り込み）」とか、「托卵《たくらん》」などの語も思い浮かべてしまいます。

それなのに、乳児院で数カ月以上も過ごさせてしまうと、赤ちゃんが愛着障害になってしまって、養親さんのところで「試し行動」や「赤ちゃん返り」が出てしまう。

このことを考えたら、速やかに養親さんのところに託すことが、どれほど重要か、ご理解いただけるのではないでしょうか。

生後３カ月が大切――「施設に入れっぱなしの」誤り

ここまで繰り返し述べてきましたように、愛知方式では、可能であれば一日も早く、養親さんのもとへ赤ちゃんを託すことを大切にしてきました。

なぜなら、私は児童相談所で、産みの親との縁が薄い子どもたち、つまり社会的養護を必要とする子どもの処遇の問題点を嫌というほど突きつけられてきたからです。

里親委託や養子縁組を行ないながら、親子の絆づくりのために大切なことは何かということを模索する中で、１９９９年１月26日、仙台市で開催された「小舎制養育研究会」で、特別講師としてご講演をされた、愛着障害の研究で知られる社会福祉学博士のヘネシー・澄子さん（前述）にお会いすることができました。そして、乳児院で起きていたのは、第3章でもご紹介した「反応性愛着障害」であったことを学びました。

私はヘネシー先生に教えを乞い、アメリカの先進的な研究・治療センターでの実務研修に参加させていただくことができました。

ヘネシー先生は、愛着障害について教えてくださるたびに、「矢満田さん、赤ちゃんを施設に入れてはいけませんよ」と口を酸《す》っぱくしておっしゃいました。

子どもが育っていくためには、親と子が愛着の絆を結ぶことが不可欠であるとヘネシー先生は説きます。胎児のうちから母親と肉体的な絆を結べることが理想ではありますが、出産をしていなくても、また、母親の代理となる父親や育ての親でも、産まれてから愛着の絆を作っていくことはできるのです。

親の側の愛着の第一歩は、赤ちゃんを見て抱いたときに、「愛おしい」「この子を育てていこう」「守ってあげよう」と思う、その気持ちであるということです。赤ちゃんはその「親」の胸に抱かれて、リラックスをして、「この人の胸にいれば安全で安心だ」という満足感を味わいます。子どもの側からは、「この人でなければ」という思いが、愛着形成の第一歩になります。

この愛着の絆が結ばれるのは、20年ほど前までは「6歳まで」といわれていました。愛着、情緒、所属感などをつかさどる大脳辺縁系が育つのが、6歳までとされていたからです。

ところが、それから10年ほど経った頃には、脳の研究が進み、愛着の絆を結ぶのは「3歳までが大切である」ということがわかってきました。赤ちゃんの脳は、3歳までで大人の脳の80%が出来上がるため、生後すぐから3歳の間に、脳は爆発的な発達を遂げます。この時期に、愛着の絆を結ぶ必要があるといわれ始めました。

さらに、ごく最近になって、脳の研究がさらに進み、「生後3カ月までが大切なのだ」といわれ始めたのです。3カ月までにできた愛着の絆は非常に深いものであり、3カ月後から結ぶ愛着の絆と比べて、その深さが全然違うということがわかってきたのです。

「生後3カ月の赤ちゃんなんて、まだ何もわからないのでは？」と疑問に思う方もいるかもしれませんが、それは大変な誤りであるということです。

出生後の不快感を取り除いてくれた人

ヘネシー先生から教わった愛着の絆についての話を続けます。なぜ出生から3カ月までが愛着の絆づくりに大切なのか。その理由です。

赤ちゃんは胎児期に、子宮の壁に囲まれて、手を伸ばせば子宮に当たり、「私は守られている。安心」という気持ちで過ごしています。

ところが、生まれてきたとたん、手を伸ばしても触るところがありません。これまでとはまったく違う環境に、不快感が募《つの》り、「オギャーっ」と泣くわけです。そのときに、赤ちゃんを、心臓の鼓動が聞こえるように胸に抱いて、「よく産まれてきたね。待っていたよ」と声をかけてあげるのです。すると、赤ちゃんは安心してリラックスできます。

それが必ずしも産みの親でなくてもいい。代わりになって守ってくれる一貫した保護者が、新生児の人生最初の不快感を取り除くことが、愛着形成の第一歩ということです。

愛知方式で養子縁組をしたお母さんのビデオをご覧になったヘネシー先生は、「熊本の慈恵病院に赤ちゃんを迎えに行った養母さんが、病院で寝巻になって、赤ちゃんと一緒に写真を撮られていましたね。素晴らしい取り組みだと思います。できれば、お母さんに寝ていただいて、赤ちゃんと肌を合わせて抱っこしてもらったら、もっと素晴らしいのではないでしょうか」とおっしゃっていました。

新生児は、お母さんの肌の匂いを覚えます。その匂いが、赤ちゃんのお母さんに対する慕情の引き金になります。こうして、3カ月のうちに繰り返し授乳をしたり、目を見て笑ってあげたり、入浴させたり、マッサージを加えたおむつの取り替えで良い気持ちにさせたり、抱っこをしたりすることで、赤ちゃんの頭の中に、「母親」＝「快感の源」＝「母への強い欲求」＝「愛着の絆」ができてくるのです。

ヘネシー先生は、敗戦後、進駐軍により、「赤ちゃんに抱き癖をつけてはいけません」という誤った子育ての指導が行なわれたため、その後に悪影響が生じたことも指摘していました。赤ちゃんの「抱っこして」というサインに応えてあげないのは、「放置」なのです。

愛着障害の症状とは

愛着の絆が結ばれないことによって起こる愛着障害は、さまざまな症状をもたらします。

感情面では、自分が愛されていないという不安で、常にイライラが募ります。孤独感や疎外感を抱いており、一度泣き出したら、なかなか止まりません。遊びなど、物事を心から楽しめないという傾向があります。

行動面では、自分を愛そうとしてくれる人に対して、絶え間ない攻撃性を示します。衝動や欲求不満に自制が利かず、大食や偏食もしがちです。危険な行動や、自虐的な行動をとることもあり、自分より弱い者への攻撃性も強いです。

思考面では、自己否定、他者否定のマイナス思考に偏ります。自分に自信がなく、新しいことや難しいことに挑戦することが苦手。忍耐力や集中力が低くなり、年相応の考え方ができない傾向があります。

人間関係では、人を信用できず、対人関係がうまく築けません。他人の感情を理解できない、共感や同情ができないという一方で、見ず知らずの人に愛嬌《あいきょう》をふりまくようなこともあります。

身体面では、年齢相応の発達に届かない場合が多く、肉体の痛みに無頓着である反面、触られることを極端に嫌がったり、衛生面に無頓着になりがちです。

道徳面・倫理観としては、自分を悪い子だと思っていて、有名な悪人に憧れるなど、社会のダークサイドに目を向けてしまいます。

ヘネシー・澄子さんの著書『子を愛せない母　母を拒否する子』（学習研究社）より、愛着障害の主な症状を書き出しましたが、このような症状の一つが当てはまるからといって、それがすぐに愛着障害であるということではありません。また、その症状も、軽度のものから重度のものまであり、一概に判断できない部分はありますので、あくまで6つの面を複合的に見て判断する必要があります。

さらに付け加えておきますが、愛着障害は、産みの親と引き離された子どもに限らず、産みの親と共に暮らす一般家庭の中でも起きているといわれています。愛着障害という視点から子育てを見直すことで、お母さんと子どもの関係を安定させていくことにつながりますので、社会的養護の関係者に限らず、子育てをしているすべての方に、広く知っていただきたいと思います。

「養子縁組あっせん法案」の問題とは

このような愛着障害に至らないためにも、児童相談所の初期処遇を改めて、養子縁組への流れを作ることとは、「子どもの権利保障」であると私は考えます。子どものための福祉行政機関である児童相談所が、愛着障害についての視点を欠いた措置を続けていてはいけません。

さらにまた、現在、「養子縁組あっせん法（案）」というものが、議員立法として制定を目指されているという動きがあります。議員の方が作成された試案が公開されていますが、これは極めて問題の多い内容です。

特に憂慮されるのが、「特別養子縁組に関し生後３カ月間、実母から同意を得ることを禁止し、生みの親が育てられないときは、施設で養育を代行させる」とされている点です。

これは、出産をしてから、産みの親に「やはり自分で育てたい」と思うような気持ちの変化がないかどうかを確認する期間ということです。

しかし、かなりの過酷な事情で育てられないと言っている女性が、3カ月後に考えを変えるというのは、あまり現実的ではありません。そもそも現行制度の中に、養親による6カ月の養育観察期間を設けているのですから、本当に迷いがあるならば、その期間に考えることはできます。

また、今の生活の場所から離れて出産した女性は、周囲の目もありますから、すぐにでも人生を再スタートさせたいはず。その3カ月を、赤ちゃんと一緒にどこでどう過ごせというのでしょうか。

こうした法案が通れば、妊娠中から相談にのるということそのものが成り立ちませんし、赤ちゃんに起こるかもしれない愛着障害について、あまりにも不勉強であると言わざるを得ません。

たしかに、現行の養子法は、節税目的のための成人養子など、今の家族観に合わないものとなっていますので、法律を見直していくべき時期ではあります。であるならば、「養子縁組基本法」のようなものを制定すべく、現場の識者を含めて話し合いを重ねるべきだと考えています。

また、現行の「特別養子縁組」を「養子縁組」とし、それ以外の成人養子などの方を「特別養子縁組」とすべきではないかとも思いますが、いかがでしょうか。

愛知方式は、現行法、現行制度の中で充分できる

今後の法律の改正については、時間が必要でしょう。しかし、私の目下の使命である「赤ちゃんの命を救い、家庭に託すことで幸せへと導く」ことを実行するためには、その時間を待つことはできません。なぜなら、今日この時も、命の危機にさらされている赤ちゃんがいるかもしれないからです。

愛知方式は、現行法、現行制度の中で充分に実践できる赤ちゃん縁組の方法です。児童福祉法や民法のどこを読んでも、「児童相談所が赤ちゃん縁組をしてはならない」ということは書いてはいないのです。

私が、愛知県産婦人科医会の「赤ちゃん縁組無料相談」を参考にして、１９８２年から着手した「新生児養子縁組・里親委託」は、私が定年退職したのち、意欲的な職員たちに引き

継がれて、愛知県内のすべての児童相談所（政令指定都市である名古屋市を除く）に広まり、今は、名古屋市の児童相談所も取り組んでいます。

以来、30年以上継続しており、２０１４年3月末現在、生後4週間以内の新生児・計１７3人を、産院等から直接、養子縁組里親の家庭に委託して、ほとんどの赤ちゃんが特別養子縁組を認容されているという、全国に例のない先駆的な実績を示しています（３０４ページ［巻末資料］参照）。

愛知方式を広めた、特筆すべき人

その意欲的な職員の中でも、特筆すべき人がいます。

２０１１年3月末に、愛知県刈谷児童相談所センター長で定年退職した、萬屋《よろずや》育子《いくこ》さんです。現在は、愛知教育大学教職大学院で特任教授をしており、30年余にわたり福祉部門で活躍してきた実務経験と理論を、学生さんたちに伝えています。

厚生労働省の「里親ガイドライン」の中で、「赤ちゃん縁組・愛知方式」が紹介されることになったのも、萬屋さんのおかげです。

赤ちゃん縁組の必要性について、私が切々と訴え、これまでの取り組みを語れば語るほど、

「一部の人にしかできない、属人的な仕事だ」と思われてしまうのでは、と危惧《きぐ》しています。もちろん、手間のかかる面はありますが、現在の児童相談所の仕組みと、民法および児童福祉法の中で、充分に果たしていける仕事なのです。

三悪人のひとりとまで呼ばれた私は、開拓者のような役割であったと思います。「誰がやらなくても、私がやる」という思いで進んできたのは確かです。

こうした私の方向性を決定づけてくれたのが、先述した「どりとる文庫」を開設するきっかけとなった、石井桃子さんの本でした。石井さんも、活動を始めた当初は孤立無援であったにもかかわらず、子どもたちに良書を届けるという信念を持ち続けて活動された結果、いまの児童図書文化があるのです。石井桃子さんの決意と実践は、私に大きな影響を与えてくれました。

ただし、私が続けただけでは、「愛知方式」とはならなかった。この赤ちゃん縁組が、「矢満田方式」ではなく、愛知県の全児童相談所で取り組まれる「愛知方式」になり得たのは、萬屋さんが、周囲の児童相談所に影響を与える、素晴らしい仕事をしてくださったおかげなのです。

ケースワークの現場では、複雑な事情を抱えた相談相手の懐《ふところ》に自然に入りこみ、その方が意地を張ったり、かたくなに閉ざしたりしている部分を解きほぐし、その方にとって最適な道を提案している姿を目にして、とても感心したものです。

私の思いを受け継いで、積極的に赤ちゃん縁組に取り組んでくださったことはもちろん、多くの職員を巻き込みながら実践し、愛知県の児童相談所の中にうまく組み入れてくれました。

具体的には、赤ちゃん縁組のマニュアルを作ったり、養親・里親さんたちが交流できる里親サロンの運営を工夫したり、愛知県内に10カ所ある児童相談所の里親担当者の会議を開いたりしながら、愛知県の児童相談所に赤ちゃん縁組を広めてくれたのです。

一度赤ちゃん縁組を実践した職員は、達成感や充実感を大いに感じてくれます。「赤ちゃん縁組をサポートすること」は、「新しい家族を作ることの喜び」と捉えて、複雑な事情を抱える相談者の方にも、気さくに明るく対応してくれた萬屋さんに、心から感謝をしている次第です。

私がコロニーにいた頃、研修のために施設を訪れていた萬屋さん。その頃はまだ、髪の毛をおさげにした、初々しい新人職員でした。現在では、その活躍ぶりが、厚生労働省の担当課長の耳にまで達しています。

次の章からは、萬屋さんにバトンタッチをして、愛知方式の実際、どのようにしてこの方式を広めていったかということをお話ししていただきます。

著者。森﨑悠貴くんを抱いて

宮沢（旧姓・矢満田）真紀子　作画

第5章　「赤ちゃん縁組」との出会い

萬屋育子

矢満田さんとの出会い

私は愛知県の職員として38年間、そのうち児童相談所で27年間働きました。退職して4年目となる現在は、愛知教育大学の教職大学院の特任教授の職に就いています。大学では、「問題行動の対応」などの授業の中で、現役教師の大学院生や教師を目指す学生に、児童虐待や児童相談所の役割、社会的養護のあり方などについて伝えています。

大学では教育社会学を専攻し、「教育が社会にどのような影響を及ぼすことができるか」ということについて学びました。もともと、「人は生まれか、育ちか」ということに関心があり、思索してきましたが、児童相談所で社会的養護を必要とする子どもたちと長年接してきた結果、今では「人は育ちが大切である」という思いを強くしています。

愛知県の社会福祉職として県庁に採用されたのは、昭和48年。社会福祉職としての仕事は、児童相談所からスタートしました。

新米職員であったこの頃、私の耳にも矢満田さんの評判は届いていました。「県庁にはもったいないくらい、キリッとしたいい男がいるよ」という前置きに続いて、「次々と前例のないことをやってのける積極果敢な人物」と評する人もいれば、「公務員としては〝異分子〟である」と少々煙《けむ》たがっている人もいたと思います。職場の先輩に紹介された後、矢満田さんの職場を訪れたこともあります。矢満田さんはいつでもどこでも「完璧に仕事をこなす人」として有名でした。

マイナーな存在だった児童相談所

着任する前は、私自身も児童相談所がどんな仕事をするところなのか、詳しくはわかっていませんでした。今と違って、あまり知られていない機関だったと思います。

現在の児童相談所は、職員らが児童虐待の対応に追われる、公務職場の中でも突出して多忙でしんどい機関ですが、当時の様相はまったく異なりました。「児童福祉司の年長職員のおじさんは、相談が入るのを待っている」というのが日常的風景です。

児童福祉司の職務についている人はほとんどが専門外でした。心理判定員の職員は大学で心理を学んだ人たちでしたが、他はたいていが農林や土木、税務など他部局から異動してきた人ばかり。所長ですら他部局からの異動で、児童福祉のことを知らない人がついていました。もちろん、所長になるような人の中には、ある程度は児童福祉を学んでいる方もいましたが、児童相談所長に与えられた多大な権限を行使するには至りませんでした。

私も、「養護相談には、もっと適切な対応があるのではないか」とか、「もっと積極的に動きたい」などと思うことは多々ありましたが、相談業務についての研修もなく、また、モデルとなる先輩福祉司も職場には不在でした。私自身が結婚・出産をして子育てに忙しい時期でしたので、「子どもを育てられない」相談に対しては、大きな疑問も持たず、乳児院、養護施設に入所させていました。

児童相談所で6年働いた後、夫の勤務地の近くに転勤希望を出したところ、町村を管轄する県の福祉事務所へ異動となりました。主たる仕事は、老人・障がい者の医療事務、母子手当の支給事務、生活保護のケースワークなどです。

福祉事務所での経験、とりわけ生活保護のケースワークは、後《のち》の児童の相談に大いに役立ちました。私のケースワーカーとしての経験では、安易に生活保護を申請する人は少なく、苦しくても生活保護を受けずに何とかしのいできて、ギリギリまで追い込まれてから申請をしてくるような方が多かったように思います。

そんなとき私は、「この制度は、憲法25条に基づく権利ですから、決して恥じることはありません。あなたがまた元気になって、ちゃんと働いて税金を納めれば大丈夫。病気の間はしかたがないです」などと、生活保護受給は権利であることを伝えました。

次第に、この仕事は自分に向いているかもしれないと感じるようになりました。生活保護を受ける状態になるということは、人生の中でもっとも過酷な状況に置かれているということ。そのような状況にある方の辛い話をうかがって、自立への助けになることができる、ということに、やりがいを感じたのです。児童相談所へ異動希望を出してもかなわないので、「生活保護のスペシャリストになろうか」と思った時期もありました。

しかし同時に、「とはいえ、そもそもこのような過酷な状況に人々が陥らないようにすることが大切だ」とも考えていました。教育社会学を学んできた人間としては、そのような状況に陥らせないためには、子どもの頃からの教育を含めたケアやサポートが必要だという視点を持っていたからです。というわけで、児童相談所への異動希望は毎年出していました。

再び児童相談所へ

平成元年に、やっと役職になりました。そして翌平成２年に、岡崎の児童相談所（現・西《にし》三河《みかわ》児童・障害者相談センター）に着任しました。このとき初めて、若い頃「仕事ができる男」との噂を聞いていた矢満田篤二さんと同じ職場になったのです。

十数年ぶりに舞い戻った児童相談所でしたが、十年一日、以前と同じようなのんびりムードが漂っていたことに、私は驚いてしまいました。世の中では当時、児童の問題として不登校や虐待の問題が取り沙汰されていたというのに……。ただし、そんな中でも、矢満田さんの動き方だけは際立っていました。「子どもが育てられない」と聞けば、「すぐ相談」、虐待と聞けば、「すぐ保護」。常にスピーディに、適切に対応しておられたのです。これは現在の児童相談所では当たり前のことですが、当時の愛知県で、このようなケースワークをしていたのは、私が知る限り矢満田さんだけでした。

私は矢満田さんにすすめられ、虐待や里親の勉強会に参加し、矢満田さんが熱心に取り組んでいた里親制度に基づく赤ちゃん縁組を、自分でも実践するようになりました。

児童相談所は何をしてきたか

ここで改めて、私が二十数年来勤めてきました児童相談所について、その歴史をざっと振り返ってみます。

児童相談所は、昭和22年に施行された「児童福祉法」に定められた機関です。戦後まもなくから存在していましたが、警察署や学校、一部の児童福祉関係者などを除けば、一般の人にはあまり知られていなかったように思います。県職員でも他部局の人に対しては、「児童相談所では何をしているか」という説明が必要だったくらいです。

児童福祉法では、児童福祉の専門機関として、児童相談所の業務を規定しています。「児童」とは、18歳未満を指しますが、その「相談」の内容は多岐にわたっています。「親が子どもを育てることができない」という相談は、「養護相談」と種分けされます。近年多発している虐待相談も、この範疇《はんちゅう》に入ります。また、「自閉症かもしれない」などといった、発達障害や知的な遅れに関する相談は、「障害相談」になります。万引き、暴力行為など、14歳未満で法に触れることをした触法少年については、警察署から児童通告を受ける形になります。他には、不登校、引っ込み思案などの「性格行動相談」などもあります。

どういった相談が多いのか、どういった相談に行政として力を入れるのか。児童相談所は、その時代によって、あるいは自治体や地域によって、さまざまです。ただし、いつの時代でも、児童相談所は「他の相談機関の業務から取りこぼされている子どもの問題」を扱ってきているといえるのではないかと思います。

戦後すぐには、町にあふれる戦災孤児を保護して、安定した日常生活をさせることが児童相談所の主な業務でした。できたばかりの児童相談所は、こうした児童たちのために、大きな役割を果たしたと思います。

私が児童相談所で働き始めた昭和48年当時は、重い障がいを持つ子どもたちが、「就学猶《ゆう》予《よ》・就学免除」の名のもとに、学ぶ機会を与えられていなかった時代でした。我が子の障がいを受け止めきれない親の相談にのり、子どもたちに療育の機会を与えていくことが、児童相談所の役割でした。児童相談所は障がい児のための巡回療育活動を行ないました。医師・看護師・心理判定員などの専門職がチームを組み、愛知県は中央児童相談所と豊橋児童相談所に専従班を作り、バスで県内各地域に出かけました。親の相談にのり、障がいを持つ子たちの療育活動をしてきたのです。この活動は、昭和51年頃から、平成に入っても続きました。

養護学校ができ、障がい児保育も始まり、障がい児の問題については、すべて解決とまではいきませんが、ある一定のところまで整えられると、児童相談所は障がい児巡回療育を縮小しました。昭和の終わりから平成の初めの頃には、非行や不登校の問題が顕在化してきましたので、児童相談所はその対策を担うようになりました。

学校ではみ出していた非行少年を集めてグループ指導をしたり、不登校児を集めて夏にキャンプを開催したりと、各児童相談所がそれぞれに取り組んでいました。

不登校児は、親や教師が無理に登校させようとしても、なかなか動かないものです。当時は、不登校の子どもたちを集めて、昼間から映画を見に行ったこともあります。暗い顔をしている子に、「とりあえず、今は無理して学校に行かなくてもいいよ」などと言うと、少し元気を取り戻す子もいたものです。子どもとのこうした活動や、親の話を丁寧に聞くことなどを続けながら、問題解決を目指しました。やがて、教育委員会などが積極的に「子どもの居場所づくり」に取り組んだり、民間のフリースクールが運営され始めるようになると、不登校児の問題は、児童相談所だけの役割ということではなくなりました。

１９９４年（平成６年）11月に、管内で「大河内君事件（＝いじめを苦にして中学２年生大河内清輝君が自殺）」が起き、マスコミに大きく取り上げられたことは、今でも鮮明に覚えています。この地域担当の児童福祉司として関わりました。

さて、このような幅広い児童の問題への対応の中で、「児童相談所にしかできない」相談があります。それは「親が育てることができない子ども、あるいは虐待などで親に育てさせるのが不適当な子ども」、いわゆる社会的養護を必要とする子どもの相談です。「家庭に立ち入り調査する」「子どもを一時保護する」「乳児院・養護施設に入所させる」「里親に委託（養子縁組前提を含む）する」ということは、児童相談所にしかできません。

その頃は愛知県でも、保護者・親から「子どもを育てられない」と相談があれば、乳児院、児童養護施設へ入所させるということが、当然のように行なわれていました。親から「子どもを引き取りたい」と申し出があれば、家庭に戻すというのが「養護相談」への対応でした。

養護相談に専門的なケースワークが必要であるという視点は欠けていたと思います。

矢満田さんとともに赤ちゃん縁組に取り組む

赤ちゃん縁組は、「妊娠中から相談にのり、出生後、乳児院を経ずに新生児を里親に委託する」取り組みです。里親が家庭裁判所へ特別養子縁組申し立てをすることが前提です。矢満田さんは昭和57年に初めて、赤ちゃん縁組で子どもを里親に委託し、その後も一人で取り組んでいらっしゃいました。岡崎の児童相談所でも、矢満田さんは赤ちゃん縁組を広めるべく駆《か》け回っていました。前例のないこのやり方は、他の職員には広まらず、上司からは、「余計なことをしている」と思われていたようです。

しかし私は、矢満田さんのケースワークを目の当たりにして、「児童相談所だったら赤ちゃん縁組をするのが当然」とうれしくなりました。

というのも、私は福祉事務所時代に、予定外の妊娠・出産に悩む女性たちに出会っていたからです。生活保護受給の世帯で「子どもを産んでも育てられない」という相談がありました。すでに5人も6人も子どもがいる家族で、母親が予期せぬ妊娠をして、産んでも育てられない、困っているという相談です。

母親は児童相談所へ、「今の子育てで精一杯。もう育てられないから、産まれてくる子は養子に出したい」と相談しました。それに対して、児童相談所は「乳児院に入れましょう」とのことでした。「養子に出したい」と親が相談しているのに、なぜ乳児院へ入れるのか、と私は怒りを感じました。

ちょうどその時、同じ福祉課の婦人相談員が、「子どもがいなくて、養子を望んでいるご夫婦がいる」という情報をくれました。婦人相談員は、日頃連携していた産婦人科医と協力して、その赤ちゃんを、特別養子縁組前提で新しい家庭につないだのです。婦人相談員と、「これは本来ならば、児童相談所の仕事だね」という会話をしたことを覚えています。

その私が児童相談所の職員になったわけですから、矢満田さんの赤ちゃん縁組のケースワークを見習ってやらない手はありません。

実をいうと、私は児童相談所に初めて着任した若かりし頃、妊娠中の女性からの「産まれてくる子を育てられない」という電話に、「産まれてからまた相談に来てください」と対応したことがあります。産まれてから相談はありませんでした。今でも後悔しています。

しかし、岡崎の児童相談所で矢満田さんと出会ってからは、予期せぬ妊娠で困っている女性の相談にのり、産まれた赤ちゃんを新しい家庭につなぐようにしました。同時に、すでに乳児院に入っていて親の面会がない子どもを、特別養子縁組前提で里親に委託することも、積極的に行なうようになりました。

病院や市役所から、「未婚」「離婚後に妊娠が判明」「夫以外の男性との間に子どもができた」など、養子に出したい相談が寄せられました。その都度、矢満田さんに相談し、赤ちゃんを迎えてくれる夫婦を探しました。県内の他の児童相談所の里親、県外の里親さんにもお願いをしました。当時お願いした赤ちゃんは、もう成人しています。

最初の写真（左ページ）はその頃、新生児で里親委託をした赤ちゃん、ちあきちゃん。今では立派な大学生になり、もうすぐ成人式を迎えます。母親が赤ちゃん縁組希望者説明会での体験発表のときに寄せてくださった文章があります。一部紹介します。

「我が家には、先月20歳になったばかりの娘が一人います。新生児で委託され、特別養子縁組をしました。産まれる1カ月前に児童相談所から連絡があり、生後3日目から、私が育てています。名前も私たちがつけました。

子育ては、ミルクをやったりおむつを替えたりと世話をしているうちに、自分で産んだような気にもなり、とてもかわいくて、本当に楽しかったです。小さい頃は、子育てが大変だ

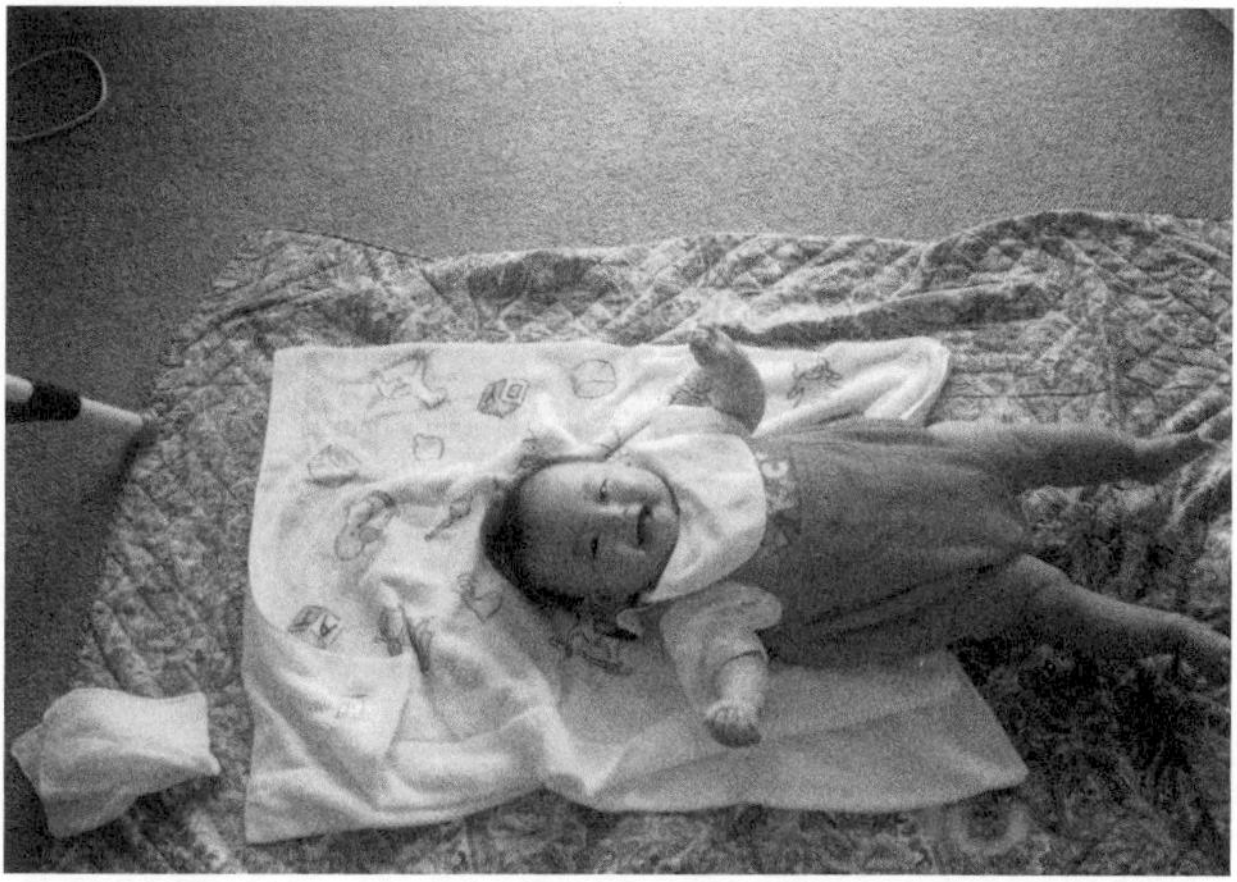

生後７カ月のちあきちゃん（95年ごろ）

と思うことは何一つありませんでした。産まれる前にかわいがれるかどうか不安に思っていた主人も、娘に対面してからは、私以上にかわいがってくれました。（中略）

真実告知については、児童相談所からは何度もお話を聞かされていましたし、研修も受けていました。小さいうちにと考えていました。保育園入園前に、養子をテーマにした絵本を読み聞かせながら、自然の流れの中で話しました。

娘には、そのように真実告知をしていましたので、小学校の頃から何かの拍子に『産んだお母さんを見てみたい』と言うことがありました。『大きくなったら、一緒に探そうね』と言い聞かせていました。そして、大学進学が決まったのを機に、二人で児童相談センターに行き、福祉司さんに相談しながら産みの親の現住所を探しました。

産みの親に娘が手紙を出すまでに時間はありました。出した手紙に返事が来て、産みの親と会うことになりました。当日、娘と私と産みの親の3人で会いました。最初に私から、娘の前で、『こんないい子を産んでいただいて、託していただきありがとうございました』と産みの親に伝えました。その後、娘と産みの親は二人きりで1時間くらい話しました。別れ際、私はこれからのことについて、内緒で会わないでほしいということと、物を買い与えないでほしいということをお願いして、その日は終わりました。

娘が産みの親に会った感想は、『お母さんというより、友達みたいな感じ』。ただ、娘は産みの親にあってから、精神的に落ち着いたように思います。（中略）今回、産みの親に会い、『産んだ子どものことは一時《いっとき》も忘れたことはなかった、誕生日に毎年、歳《とし》を数えていた』などの話を聞いたからかもしれません。

子育ての苦労は養子でなくてもあることだと思います。とりたてて、養子だったから大変だったということはありません。あっという間の20年でした。娘に出会えて、子育てをすることができて、本当に良かったと思っています（後略）」

次の写真（２４５ページ）のしょうくん・はやとくん兄弟の母親も、手紙といっしょに当時の写真を送ってくださいました。兄弟とも新生児での里親委託です。

「ご依頼いただいた子どもの写真を送ります。（中略）
最近はデジカメで撮る写真ばかりなので、子どもの小さい頃の大量のプリントした写真を見ることは、幸せな時間でした。宝物としか言えない子どもと、たくさんの幸せな時間を過ごして、たくさん笑顔と幸せをいただいたなぁと思います。
驚くほどよく笑う子どもたちで、写真を撮っている私も笑顔だったのだろうと思います。『かわいい、かわいい』と思わず口にしながら見返していました。同時に、たくさんの里親さんや、近所の方、お友達と撮った写真が多く、子どもたちのおかげで知り合えた方、その方たちにたくさん支えていただいたと感じる時間になりました。（中略）
子どもたちと会わせていただいたこと、本当に感謝です」

不思議なもので、矢満田さんと職場が別になってからも、私の担当する赤ちゃんを矢満田さんの担当する養親希望者さんにご紹介するケースや、そのまた逆のケースもよく出てきたものです。矢満田さんは、平成6年に退職されましたが、その後も引き続き愛知県で赤ちゃん縁組のサポートをしてくださいました。里親さんからの信頼は絶大です。こうした支えがあって、私も赤ちゃんと養親さんのご縁をつなぎ、新しい家庭を作るという取り組みを続けることができたのです。

「自分で育てたい」から安心、とは言えない

「特別養子縁組をお願いできますか……」という連絡を受けて、産院を訪問する機会はよくありました。この場合、妊娠中の女性が、自らの意思で養子に出すことを希望されていることが多いのですが、あるとき連絡を受けて訪れた産院では、様子が違っていました。

出産した母親の意思は「自分で育てたい」、しかし、周囲の人は母親の育児を危《あや》ぶんで、「子どもの幸せのために、養子縁組がいい」と、母親を説得していました。

母親は17歳、若いですが、周囲のサポートがあれば、育てることができない年齢ではありません。「育てるのを反対した周囲の人」は、彼女の家族ではなく、彼女や彼女の家族をサポートしている職員や、病院のケースワーカーたちだったのです。彼女はネグレクト家庭で育ち、未婚で経済的に困窮し、育児をサポートしてくれる家族はいません。「彼女にはとても育てら

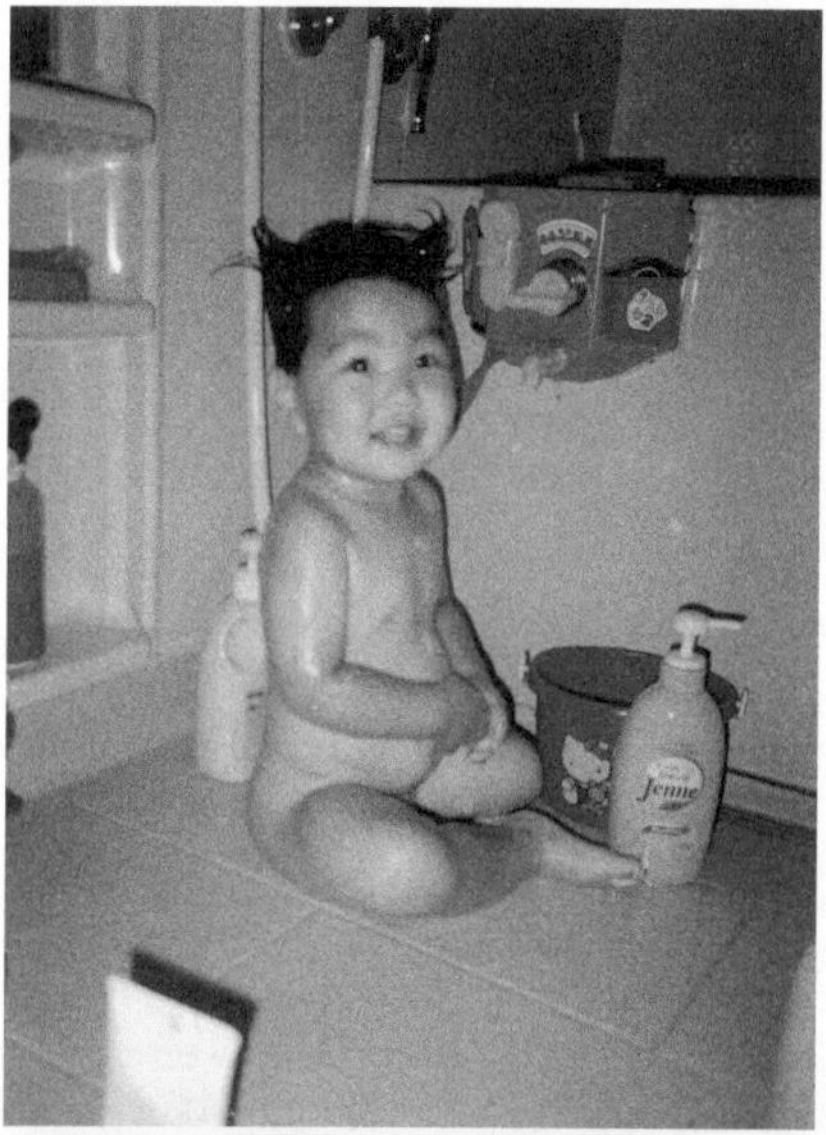

しょうくん（左・1歳3カ月ごろ）。しょうくんを迎えた6年後に、弟のはやとくんを迎える（下）

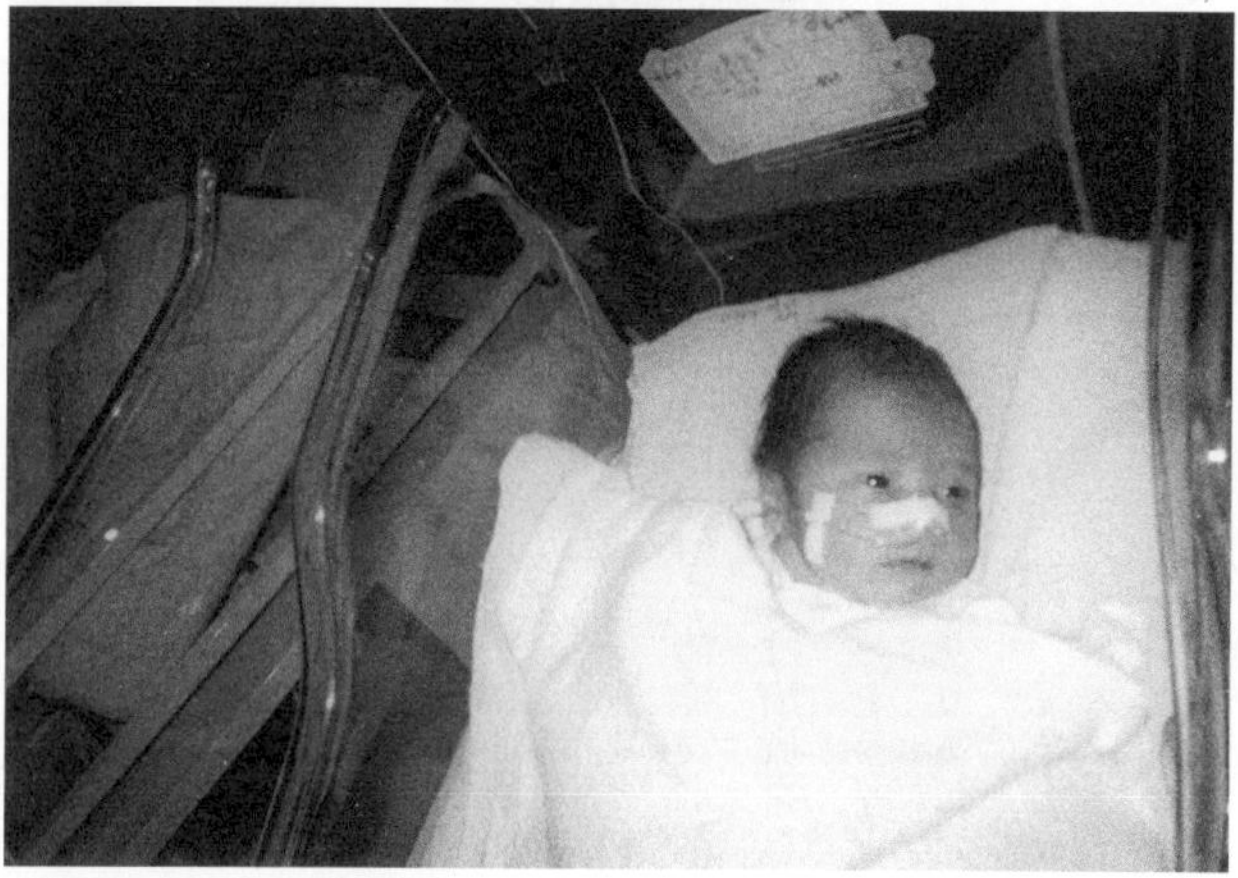

れないだろう。子育てがとても心配」と、周囲の関係者から児童相談所に連絡があったのです。

私が彼女と会ったのは、出産の直前でした。たとえ周囲が不安視していても、「育てたい」と表明している母親から産まれた赤ちゃんを引き離すわけにはいきません。そこで、保健師や福祉関係職員、地域の民生児童委員など、みんなでサポートをしながら育てようということになりました。無事に出産、母親もがんばって育てている様子でした。ミルクの飲ませ方、抱っこの仕方などを教わり、彼女なりの子育てをしていましたが、生後6カ月が過ぎて、子どもが動き始める頃から、頻繁《ひんぱん》に救急車を呼び、病院にかかるようになりました。

ヨーグルトを自分の胸元につけて「子どもが何か吐いた」と言って救急車。灯油を子どもの股《また》に染《し》み込ませて「変な臭いがする」と、また救急車を呼ぶ。自分が服用している精神安定剤を子どもに飲ませてぐったりさせる、など。入院を要する状態ではなく、病院では治療をして家に帰すことが繰り返されていたそうです。しかし行動はエスカレートし、とうとう子どもを床に落として頭にケガをさせてしまい、即入院となり、児童相談所に通告がありました。

関心をひくために子どもを傷つけていた

虐待対応への基準がしっかりしている現在ならば、「虐待の可能性が高い」と判断されて、入院と同時に病院で親と子の分離をするでしょう。しかし、当時の私も関係者も、入院中に母親が子どもに虐待をすることは想定していませんでした。入院の間に母親を子どもに付き添わせることにしたのです。

母親が病院で子どもの付き添いをしている姿を見れば、子どもの付き添いをしている同室の他の母親が、「若いのに大変だね。がんばっているね」と気遣《きづか》ってくれます。看護師やケースワーカーなどの医療スタッフも親切にしてくれますし、洗濯や食事など日常生活の雑事もありません。母親は周囲の同情や褒《ほ》め言葉が欲しいがために、子どもを入院させたかったのです。

子どもが入院したという事態を受けて、児童相談所も入って、周囲の医療スタッフや福祉関係者の間で、「退院後、赤ちゃんは乳児院に入れよう」という話し合いがされました。乳児院入所に母親が同意するかが問題でした。母親に対しては、長年母親と付き合いのある病院のケースワーカーが、「退院してからは、いったんお子さんをこちらで預かります」と説明する段取りを決めていました。数日後、「明日には退院」となり、医師が赤ちゃんの診察をしたときです。足にちょっと触れただけで「ギャーッ」と大泣きしたのです。赤ちゃんの片足に骨折が見つかりました。同室の人から、「そういえば、昨夜、カーテンを引いて何かやっていました」という証言もあり、母親の付き添いを外しました。赤ちゃんは足にギプスをつけたまま、乳児院に入りました。

赤ちゃんの主治医は母親の主治医でもあり、母親の子ども時代を知っていました。その医師から、母親の精神疾患について説明がありました。彼女は幼少時、周囲の関心を引くために、病気を装ったり、自分の身体を傷つけたりして、しばしば入院していたそうです。子どもが産まれ、傷つける対象が自分ではなく、子どもに移ったのです。この病気は「代理ミュンヒハウゼン症候群」と名付けられています。

児童虐待という視点で考えると、「カッとなって子どもを殴《なぐ》る」というケースとは、動機の部分が異なりますが、行為が継続することで、重篤な傷害を負わせる危険もあります。子どもの入院中に医療スタッフが気付き、判明することが多い病気です。私はこの事件から、母親が「自分で育てる」という意思を表明しているからといって、そのままかせていいケースばかりではないことを学びました。「自分で育てる」と言っていても、虐待状況が予測される場合に、どう対応するのか、どう支援するのか、今でも難しい課題です。

止まらない自傷行為――愛着障害の症状に、里親も戸惑う

このケースでは、もともと母親の養育能力が不安視されていたわけですが、「育てたい」

という母親の意思表明があったため、出産後すぐに子どもを保護することはしませんでした。しかし結局は、子どもに危険が及んだことから、子どもを保護しました。

子どもを保護した後、母親と今後の養育について、特別養子縁組の可能性も含めて話し合いをしましたが、母親が「いずれは子どもを引き取りたい」と言いますから、養子に出すこともできず、乳児院での養育が続きました。

引き取りがされないまま、この赤ちゃんは乳児院を出る年齢となりました。家庭体験を少しでもさせたいと、養子縁組を前提としない養育里親に委託しましたが、関係はうまくいきませんでした。里親が苦労したのは、「痛み」に対する感覚です。何度「危ないから」と教えても、道路に飛び出したり、耳や鼻の奥まで耳かきを突っ込んだり、突飛な行為を繰り返すのです。「痛いよね。やめようね」と言っても、「やめない。もっとして」とエスカレートしてしまうのです。

里親は当初、「知的に遅れているのでは」と心配したのですが、発達検査の結果、知的な遅れはなく、何らかの理由による「自傷行為」ということでした。里親は「自分たちの関わり方が悪いのでは」と思い悩み、疲れ果ててしまいました。里親のもとでの生活は2年間で終了し、養護施設に移りました。

私はこのケースを経験したことで、0歳児のときに親から受けた虐待でも、将来にわたって影響することを思い知りました。この子が示した自傷行為は、乳児期に受けた虐待による、愛着障害ではないかと思います。大人になると乳児期の記憶はほとんど残っていませんが、無意識の領域に何かを留《とど》めているのではないでしょうか。その何かが、その後の人生に大きな影響を及ぼしてしまうことがあるのかもしれません。

「いや、それは生まれつきの性格や、親の遺伝の影響が大きい」とおっしゃる方もいるかもしれません。しかし、この赤ちゃんが受けてきた養育の状態から考えると、不安や恐れにさいなまれ、怯《おび》えていたことは確かです。赤ちゃんの頃の出来事は記憶されてはいないけれども、後々まで不安や恐れとして残るのではないかと思います。

最初は「育てたい」と言っていた母親も、結局は子どもを引き取ることなく、地元を離れました。「もし特別養子縁組ができて、きちんとした養育がなされていたら、この赤ちゃんにもまた別の人生があったのではないだろうか」と、今でもそう思います。

施設に放置することが「親の権利」か

こうした特別なケースではなくても、「親の同意」が得られないまま、子ども時代のほとんどを施設で過ごすことになる子どもたちがいます。児童相談所が特別養子縁組前提で里親委託をするときには、「父母の同意」、養育里親へ委託するときも、親権者の同意をとります。

日本で特別養子縁組が広まらない理由の一つには、実親の同意の問題があります。長期間、施設入所が続いていても、特別養子縁組に実親が同意しないことはよくあります。もちろん、実親が病気療養中などの事情を抱えていて、その状況が改善したときには引き取りたいと表明しており、たびたび面会に訪れているような場合は別です。このような場合は、施設と協力しながら、状況が許すまで施設養育でサポートする必要があるでしょう。

しかし、施設に入所させておきながら、親が病気というわけでもないのに、面会や手紙などの接触が一切ないという状態。それなのに、「親権」だけは手放さない、というのは、子どもの福祉を叶えているとはいえないのではないでしょうか。

自分では育てられないけれど、施設に入所している限り、自分の子であるという権利だけは主張する。それは、子どものことを思い遣《おもや》っている人ができることではないと思います。しかし、日本ではこうした親たちを、「実の親なのだから」と大目に見ています。それは、「日本では親の権利が、子どもの権利より優先されている」からではないかと思います。

親の同意が得られず、かといって親からの接触もない子どもたちの問題をどうするべきか、私も頭を悩ませました。引き取りの具体的な見通しを立てることもなく、「子どもが自分のことができるようになったら引き取ります」などと言ってくる親もいました。私は、「自分でなんでもできるようになったら、親はいらないよ」と言い返したくなるのを堪《こら》えたものです。親の身勝手としか思えませんでした。

私は児童福祉司のころ、担当地域が変わるとまず、施設入所児童の名簿を見て、子どもの親たちに連絡をとるようにしていました。次に乳児院や児童養護施設に行って、特に長く施設にいる子どもについて、親の面会状況を確認します。担当が次々と変わり、きちんと記録されていない、今現在、親がどこにいるのかすらわからないケースもありました。そこで私は、所在不明の親の戸籍謄本を取って、親の居所を探し、手紙を出します。

新人の頃のことですが、手紙を出したある母親から「子どもに会いたい、引き取りたい」という反応がありました。子どもは幼児期に施設に預けられ、小学生になっていました。子どもも喜び、家庭に戻りました。ところが、半年も経たないうちに、施設に逆戻り。親が「面倒をみられない。施設に預けたい」と言ってきたのです。未熟なケースワークで申し訳なかったと思います。

里親委託をするようになってからは、たとえ産みの親のもとに返す場合でも、すぐに子どもを引き渡さず、段階を踏むようにしました。まず面会をしてから、施設の中で一緒に過ごす時間を作ります。子どもが親といることに安心できるようになったら、次は外出させて、と練習を重ね、段階的に戻していく必要があると気づいたのです。

こうした段階を踏むやり方は、施設に入所している子どもを里親のもとに託すときに行なう方法です。実の親は、「申し出れば、いつでも子を返してもらえる」と思っていますので、引き取りのために段階を踏んで「練習」をさせられることには抵抗を見せます。

しかしここで事を急ぐと、「実親のもとに返したけれども、また虐待に遭ってしまった」という結果になりがちです。実の親のもとに戻す際にも、里親委託と同様の方法を取る必要があります。私は、施設で3年も4年も過ごしている子どもが新しい環境になじみ、親子関係を作る過程は、引き取る人が実親であろうと、里親や養親であろうと、変わらないと思います。

乳幼児期の子育ては、おむつを替えて、泣けば抱っこして、離乳食をあげてと、同じことの繰り返し。日々の繰り返しにこそ意味があり、この繰り返しこそが、親子の関係において重要な意味があります。「手のかからない小学生になってから引き取る」と言って里親委託に同意しない場合、「親権＝親の権利」として守られるのはおかしい。親の身勝手でしかないと思います。

児童相談所にとっては「社会的養護＝施設養育」

児童相談所の対応は、愛知県も他の地域も、「子どもを育てられないなら、乳児院か養護施設で」というのが一般的です。

なぜ「施設入所が当たり前」という状態が長く続いたのか。その要因としては、この状況を「良くないこと」として訴える当事者がいなかったことが挙げられます。

児童養護施設に入所しているのは子どもですから、発言する術《すべ》を知りません。子を預けている親たちも、発言権がないも同然。なぜなら、世間一般的には、非難されるような事情で子どもを預けている場合も多いので、親たちは負い目を持っています。親たちが「施設の環境を良くしてほしい」とか、「施設に入れっぱなしの処遇はおかしい」などと注文をつけることはあり得ません。

つまりは、社会的養護を受けている当事者の子どもたちはもちろん、その生物学上の親たちが、「社会的養護下にある子どもたちの環境を改善しよう」と訴えることは、ほぼ不可能という状態にあるわけです。何事もそうですが、当事者の強い訴えがないと、状況は改善されません。

児童相談所の職員の専門性の問題もあります。私は愛知県に社会福祉職として入って、児童相談所で長年勤めました。振り返ると、つい10年くらい前までは、児童相談所の児童福祉司に、専門職採用の職員はほとんどいませんでした。それに加え転勤が多く、担当した親や子に長く関わることができません。専門職として経験を積み重ねていくことが困難です。

こうした中で、「事情があって自分で子どもを育てられない」という養護相談に対応するための適切な方法が模索されてこなかったように思います。「赤ちゃんを育てられないときは、乳児院に預ける。3歳前後で養護施設へ移動する。実親が引き取ると言えば渡す」という、仕事の流れが続いているのではないでしょうか。

近年では、施設養護に偏った日本の社会的養護のあり方が、「社会的なネグレクトである」と批判されるようになってきています。それは、施設で尽力なさっている職員の方を非難しようということではなく、日本の社会的養護のシステム自体への批判です。

問題行動が大きくなる前に手を打つ

乳児院を訪問すると、ベッドに寝かされて、同時にわんわん泣いている赤ちゃんが何人もいます。新生児はできるだけ職員に近いところにいますけれど、新生児が「ふにゃ〜」という小さい声を出しても、すぐに誰かが抱き上げてくれるとは限りません。一人の職員が5人も6人も、首の座っていない赤ちゃんを抱っこしてあげることは、できないのです。

泣いても抱っこしてもらうことができない赤ちゃんを支配するのは、「私が生まれてきたこの世の中に対して、私はなにも力を持っていない。誰もなにもしてくれない」という絶望感ではないでしょうか。泣いたら抱っこしてもらえることが繰り返され、人への信頼感が育つように思います。これは私が勝手に想像しているのではなく、愛着障害の症状が起きる要因として、専門家も指摘しています。

思春期の、中学2～3年生にもなると、一般の家庭で育っている子どもでも、難しい時期に差し掛かるものですが、児童養護施設の子の中にも、この時期、問題行動を起こす子がいます。特に施設で生活できなくなるほどの問題行動を起こすのは、私の経験では、施設にいる期間が長い子ども、とりわけ、乳児期から施設で育っている子どもに多かったように思います。

無断外出して帰ってこない、他の子や職員に暴力を振るう、その結果、その施設で生活できずに児童自立支援施設に移っていった子どももいます。加害者ではなく、暴力やいじめの被害者になることも少なくありませんでした。

私は「私の子は施設の中で加害者にも被害者にもなってほしくない」という思いで、施設の子に関わっていました。「私の子」とは、私が担当した子どものことです。私が一時保護をしたり、入所先を決めて連れて行ったりした子たちには、「私の子」という意識がありました。

これは私だけでなく、他の職員の方も同じです。施設で何かトラブルが起こったら、「私の子ですか？　すみません……」と謝ったり、折に触れて様子を見に行ったり……。関わった子どもには辛い思いをしてほしくないと、担当者はいつでも心に留めているものです。

いずれにせよ、私の子でも、他の職員の担当の子どもでも同じですが、保護を必要とする子が健全に成長するためにはどうすればいいか、と真剣に考えれば、できるだけ幼少期のうちに、愛着の絆を結べるような家庭を与えてあげることが、最良の策だと思います。

親が育てられない子どもの受け皿を決めるのは、児童相談所です。ならば、親が引き取る見通しがないケースにおいては、養子縁組を優先させ、里親委託を検討すべきだと思います。

赤ちゃんでも、実親に引き取られる見通しが１、２年以内にあるのなら、養育里親への短期委託でもいいと思います。また、小学校高学年〜中学生くらいで、虐待などの理由で保護された子であれば、その場合も、養育里親さんにお願いするという形でいいと思います。実親としばらく離れて、お互いに冷静になるためには、児童養護施設で一定の時間を過ごすことも、選択肢の一つでしょう。

しかし、赤ちゃんのときに保護されて、結局、親の引き取る見通しがないままに月日が流れてしまうことは、避けなくてはなりません。ましてや、出産前から「産んでも育てられない」とわかっている赤ちゃんを、乳児院に入れっぱなしは許されません。赤ちゃんには、ずっとつながってくれる親、できうる限り法律上の親が必要であることは、間違いないのです。特別養子縁組というものを、日本の社会的養護の中にしっかりと位置づける必要があります。厚生労働省は、家庭養護推進の方針を出していますが、養子縁組を優先すべきとは言っていません。愛知県にも新たに養護施設ができました。当面は、虐待で保護する子どもの受け入れ先として施設を作るとしても、将来的には、里親委託（しかし特別養子縁組を優先させて）に力を入れるべきだと思います。

乳児院や児童養護施設の職員の方は、ただ「施設より家庭養護の方がいい」と言われると、気分を害されるかもしれません。「家庭養護」と「施設養育」が、敵対しても意味がないのです。乳児院や児童養護施設の新しい役割を考えていく必要があると思います。これからは家庭養護のための里親の育成も必要です。施設職員の方の専門的な保育のスキルを、地域の中の子育て支援に活かしていただくことができると思います。

「子どもを乳児院に」の連鎖を止めたい

私はなぜ、赤ちゃんを乳児院に入れたくないのか。

子ども時代のほとんどを施設で育ち、中学卒業で退所してから何年もしないうちに「予期しない妊娠」をして児童相談所に来所した子どもがいます。未婚で経済的困窮を抱え、結局は自分の産んだ子どもを施設に入所させることになる。こうしたケースは決して少なくないはずです。

これは私たちの目の前で繰り返されている、虐待の連鎖と同じではないでしょうか。こうした連鎖が起こる前に、どこかで手を打たなくてはならないと切に思うのです。

妊娠中から相談にのり、新生児を家庭に託す赤ちゃん縁組は、そのための一つの手段になり得ます。赤ちゃんの縁組が活発になれば、乳児院にいる0～2歳の子どもの養子縁組も増えてくるでしょう。そうすれば、施設で育つ子どもの割合を減らしていく大きな流れができてくると思います。

子ども時代のほとんどを施設で育った人が子育てできないということではありません。養護施設を出てがんばって子育てしている、親をやっている人もたくさんいます。こうした子たちは、折に触れて養護施設や児童相談所の職員に連絡をくれます。心配なのは、連絡をしてこない子たちです。風の便りで、施設を出てから苦しい日々を送っている子のことを知ることもあります。そのまま行方がわからなくなってしまう子も、少なからずいます。

今現在、施設で生活をしている子どもたちのための環境改善、自立後のサポートは、社会的養護の中の重要な課題であることは確かです。さまざまな取り組みがされています。しかし、いくら施設の環境が整備されつつあるとはいえ、「現在、親が育てられない赤ちゃんをどうするか」というときに、「施設で育てて良い」ということにはならないと思います。特に、生後間もない赤ちゃんをそのまま乳児院に入れてしまうことについて、その子の成長にリスクが伴ってしまうことを、絶対に忘れてはいけません。

生後3カ月を無駄にしてはいけない

最近発表された養子縁組あっせん法案（試案）の中に、「生後3カ月間は実親の同意を求めてはならない」という条項があります。この条項には、私は反対です。これは、赤ちゃんのためにもなりませんし、産みの女性にとっても良い方策とは思えません。

私が、児童相談所は妊娠中から母親へのケアをするべきだと主張している理由は、「赤ちゃんをすぐに縁組先に引き渡すことができるから」ではありません。まずは、その妊婦さんとお腹の赤ちゃんが家族になるための方策を、一緒に考えてあげることができるからです。「育てられない」という理由が、経済的なことであれば、前にも述べましたように、生活保護の受給ができることや、生活する場所がなくても母子寮で生活ができることなどをお伝えすることができます。こうした情報がないと、不安が高じて自暴自棄な行動に出てしまうこともあるでしょう。妊婦さんをケアすることが、お腹の赤ちゃんの命と健康を守ることにつながります。私たちが赤ちゃん縁組につないでいるのは、何度にもわたって面接し、話し合いをしたうえで、それでも育てられないと苦悩している女性の赤ちゃんです。

先ほどの養子縁組あっせん法案では、産みの女性に産後3カ月間は同意を取るべきでない理由として、「心身ともに非日常的状態にある産後の女性に、『親権の放棄』という重要な決断をさせていいのか」ということが考えられていることは理解できます。

しかし、家庭裁判所で特別養子縁組の審判が下されるのは、さまざまな手続きが順調に進んでも、赤ちゃんを育て始めてから1年ぐらい先になります。出産後に赤ちゃんを「やはり自分で育てたい」と申し出る期間は充分にあります。

あっせん法案で示されたその保留の3カ月の間、産みの親が育てられない場合には、「あっせんする機関が乳児院のようなところでしばらく育てる」とありましたが、そのようにあちらこちらに赤ちゃんを預けることは、愛着障害が起きるリスクになります。愛着障害を防ぐためには、最初の3カ月間に、一定の保護者が赤ちゃんとの間に親密な関係を築くということが、肝心だといわれています。

人生における子ども時代の密度は濃いものです。たとえ80年間生きたとしても、産まれてから7歳くらいまでの時間と、その後の80歳までの時間は、同じくらいの密度ではないかとすら言う人もいます。その密度の濃い7歳までの中の、さらに大事な最初の3カ月なのです。自分が泣けば、誰かが来てくれる。すると「また泣いて呼んでみよう」となる。また抱っこをしに来てくれる――。そんな、基本的な信頼感を作っていくための最初のやりとりを行なう、大事な3カ月なのです。

大切なことなので、何度でも繰り返しますが、この最初の数カ月がすっぽり抜けてしまうと、そこを埋めて回復させるために、親子共々、周囲もたいへんな苦労をします。もちろん、後からでも、その穴はある程度は埋めることはできます。今はこうしたことに対処する心理療法的なプログラムもあるでしょう。しかし、あらかじめそのことを理解しているのであれば、無駄に数カ月を過ごす必要はないはずです。

第6章　「赤ちゃん縁組」を広げるために

虐待と児童相談所——激動の時代

児童相談所の虐待相談の統計は、平成2年（1990年）に始まりました。私が11年ぶりに児童相談所勤務となり、矢満田さんと同じ職場になった年です。この頃から、児童相談所は激動の時代を迎えます。児童相談所に通報したのに児童相談所が対応せず（＝児童を一時保護せず）、親の虐待で子どもが死亡する事件が全国で相次ぎました。愛知県内でも子どもの尊い命が失われていました。

大阪、東京に、子どもの虐待防止のための民間団体が設立され、平成7年（1995年）には愛知にも、「CAPNA（子どもの虐待防止ネットワーク・あいち）」が設立されました。矢満田さんはCAPNAの設立にも尽力されています。私がひそかに名付けている「CAPNA立ち上げ男4人衆」のうちの一人です。故人となられた初代CAPNA代表の祖父江文宏《そぶえふみひろ》さん（当時養護施設暁学園園長）、多田元《ただはじめ》弁護士（現在NPO「子どもセンターパオ」代表）、岩城正光《いわきまさてる》弁護士（現在名古屋市副市長）とともに、超人的な働きをされました。

この頃、さまざまな分野の人がさかんに集まり、勉強会をしていました。私も参加していましたが、いつでも出てくるのは「○○の児童相談所が対応しない、どうしたものか」という、児童相談所への非難です（里親や養子縁組の勉強会で、児童相談所が何もしないと非難される現在の状況とよく似ています）。

私は、「児童相談所は専門機関かもしれないが、専門家はいない」と、児童相談所の現状を訴えていました。児童相談所で最初に相談にのり、処遇方針を決める児童福祉司は、児童福祉の専門家ではなく、一般の行政職がほとんどでした。児童相談所が持つさまざまな権限を行使できる所長も、同じでした。「発達が遅れている」「中学生になって登校渋《しぶ》りが始まった」「離婚して父子家庭、子どもを施設に預けたい」などの相談に対応するのが精一杯だったのです。

矢満田さんは他の児童相談所へ転勤され、平成6年度末に退職されました。「新生児の里親委託」のケースワークは、矢満田さんから薫陶《くんとう》を受けた職員が、それぞれの児童相談所でぽつぽつやっていましたが、まだ児童相談所全体のものとはなっていませんでした。それよりも、虐待への対応で手一杯の状況でした。関係機関から児童相談所への要望も日々、寄せられていました。

平成9年に、私は岡崎児童相談所から刈谷児童相談所に異動となりましたが、刈谷児童相談所には、「特別養子縁組前提で里親委託」された赤ちゃんも、新生児受託可能の里親も不在でした。その後、次第に刈谷児童相談所でも、妊娠中の「育てられない、養子に出したい」という相談に対して、「新生児を特別養子縁組前提で里親委託する」ケースワークは、抵抗なく受け入れられていったように思います。

児童福祉司の中ではいろいろな役割分担がありますが、私は刈谷児童相談所でも、自ら「里親担当」を志願し、続けていました。同時に虐待相談への対応も、保護者の同意がなくても児童の一時保護をするなど、自分なりに懸命にやっていました。里親担当をしても、通常の業務が減るわけではありませんので、「里親担当を一人占《ひとりじ》めするのはずるい」などと言われることはありませんでした。他の児童福祉司が妊娠中からの相談を受けると、一緒に面接をしたり、里親を探したりしました。

そして、新生児だけでなく、乳児院や養護施設にいる、産みの親の引き取りの見通しがない子どもたちの親づくりをしました。県内の里親だけでは足りずに、福井県、長野県、岐阜県などの里親にもお願いしました。不思議なことに、里親も集まってきましたが、赤ちゃんの話も集まってきました。

矢満田さんも書いていらっしゃいますように、愛知県産婦人科医会では、昭和51年（1976年）10月1日に「赤ちゃん縁組無料相談」を始めていますが、平成9年（1997年）9月30日に、会としての事業を終了しています。この間に、1255組の親子を誕生させています。産婦人科医会から愛知県の方に、「これからは行政の方でやってほしい」と要請があったと聞いています。

しかし、児童相談所の状況はといえば、平成12年（2000年）に、児童虐待の防止等に関する法律（いわゆる児童虐待防止法）が成立しても、愛知県内の児童相談所の体制はなかなか変わらず、児童相談所長の権限による一時保護がされない状況が続きました。記憶に残るもっとも大きな事件は、児童虐待防止法施行後まもなく、愛知県内で起こりました。3歳の女の子が餓死《がし》したのです。世間の関心も高まっており、マスコミにも大きく取り上げられました。

この頃になってようやく、「児童相談所に専門職の配置が必要」という認識ができてきたように思います。相次ぐ虐待通報とその対応に、児童相談所の職員は疲弊《ひへい》してしまい、早期退職者や児童相談所以外の職場への異動希望者が相次ぎました。

代わりに児童相談所に配置されたのは、心理職や社会福祉職で採用された若い人たちです。意欲のある若い人、とりわけ女性が多くなって、児童相談所の雰囲気はずいぶん変わりました、専門職や児童相談所経験者が、所長やスーパーバイザーにつくようになりました。

里親制度が動き始めた——マニュアルをまとめる

いうまでもなく、里親制度は児童福祉法の中で定められています。昭和23年1月に児童福祉法が施行され、同年10月に「里親家庭養育運営要綱」が制定されています。民法が改正され、昭和63年1月、特別養子縁組制度が施行されました。これに伴うものとして、昭和62年10月に「里親等家庭養育運営要綱」が制定され、養子縁組あっせん事業届出制度が実施されました。

私はこの時期、児童相談所を離れていましたが、児童相談所の業務に、特別養子縁組ができたことによる大きな変化はなかったように思います。しかし、すでに矢満田さんは、昭和57年に「新生児の里親委託」を始めていますから、その先見性、独創性はずば抜けているといえます。ただ、あまりにスーパーマンすぎて、凡人の私たちはついていけないというところがあります。

児童福祉法施行以来、初めて平成14年に里親制度が改正されました。専門里親、親族里親が創設され、里親支援事業が実施されました。平成12年に児童虐待防止法が施行されてから、児童相談所に寄せられる虐待相談は増加の一途をたどっていました。この時期に、なぜ里親制度の改正がされたのか。私は次のように考えています。

一つめの理由としては、虐待の通報で保護した子どもは、乳児院、養護施設に入りますが、それらの施設の受け入れ能力が限界になりつつあったこと。それに加えて、虐待で受けた子どもの傷は、大ぜいの子どもに少数の大人の対応ではなかなか回復できないため、個別の関わりが必要だということが認識され、里親の価値にあらためて気がついたのではないかと。

国が里親制度を改正し、家庭養護を推進する方向になったのは、赤ちゃん縁組の実践にとって追い風となりました。平成16年、国はさらに、里親支援事業に里親養育援助事業、里親養育相互援助事業を追加し、子ども子育て応援プランで「里親委託率を平成21年度に15％とする」という目標を出しました。「里親養育援助事業」というのは、委託中の里親さん宅へのヘルパー派遣で、「里親養育相互援助事業」の方は、里親サロンの開設（後述）、というとわかりやすいでしょうか。

私は平成15年には、豊田加茂児童相談所に異動しており、それまでと同様、虐待相談への対応もしつつ、里親に関わる業務も続けていました。新人の若い人が戸惑わないように、児童相談所の相談業務マニュアルが必要となってきました。

当時、里親の担当者会議は年1、2回開かれていました。その中で「里親委託業務マニュアル」も作ろうという話が出てきました。これまで行なってきた赤ちゃん縁組の方法を、若い職員でもできるように、「特別養子縁組と普通養子縁組の違い」「特に妊娠中から相談にのり新生児を里親委託する場合の留意点」などをまとめたものを、「里親委託業務マニュアル」の中に盛り込んで、各児童相談所に配布しました。これによって、県内全児童相談所で、赤ちゃん縁組のケースワークが浸透したと思います。

「里親サロン」大いに盛り上がる

平成17年、国の里親養育援助事業として、「里親サロン」を開催することができるようになりました。

この頃、私は豊田加茂児童相談所に勤務していましたが、この「里親サロン」を有意義に運営するにはどうすればいいかと知恵を絞《しぼ》りました。このときに参考にしたのが、矢満田さんの現役時代の取り組みです。

矢満田さんは、そのときに勤務していた児童相談所の管轄だけでなく、前任地で世話をした里親さんや養親さんともつながりを持っていました。里親さんや養親さんが子どもを迎えた後も引き続き相談にのり、できる限りサポートしたいという思いから、数人の里親に働きかけて自主的な交流会を作り、里親を支えていました。土日などに定期的に集まって、語り合いの場に顔を出していたのです。そこには、児童相談所の管轄を問わず、県外の里親も参加できます。

私にもたびたび声がかかりましたので、できるだけ参加していました。この場での語り合いは、とても有意義なものでした。新しい里親さんとの出会いの場にもなりました。

この矢満田さんの取り組みを参考に、「里親サロン」を開催するのに際し、私はまずは里親さん同士の横のつながりができるように、豊田で熱心に動いている里親さんたちに声をかけました。

そして、児童相談所の職員からのお仕着せにならないように、里親さんたちに、「好きなことを話せる、井戸端会議の場にしましょう」と提案しました。こちらで特定のテーマを決めてしまうと、どうしても話が固くなってしまうと思ったからです。

しかも、児童相談所が中心となって企画する場では、「建前《たてまえ》」の話で終わってしまいがちです。もっと本音の話、たとえば「引き取ってからの試し行動にがまんができなくて、ついイライラしてしまう。どう対応したらいいでしょうか」というような、悩んでいることをそのまま隠さずに相談できる場が必要だと感じていました。

里親サロンが開かれる時間帯は、午前10時過ぎから午後の3時くらいまでです。お昼ご飯を挟《はさ》んで語り合う時間がいいと思います。里親サロンのコーディネーターや、ヘルパーのための予算もつきました。サロンの間に託児を用意すると、幼児を抱える里親が参加しやすくなります。

コーディネーターには、複数の里親と、民生委員をしている知人の女性になってもらいました。里親サロンだからといって、里親だけの集まりにすると、広がりがありません。ヘルパーへの登録も、里親だけではなく、子どもと接するのが好きな専業主婦の知人にも依頼しました。

里親サロンへは、里親登録をしようかどうか検討している人、または地域の議員さん、児童福祉を学んでいる学生など、直接的には関係のない方も、「守秘義務がある」ということをお伝えしたうえで、参加ＯＫとしました。参加者が多彩になることで、一つのテーマに対して、違う視点での意見やエピソードも出てきて、とても有意義でした。

アフターケアの場としても、里親サロンは有効です

里親サロンは、「血のつながらない親子」という仲間同士が参加していますから、共通のテーマで会話ができます。当事者同士で悩み事を相談し合うこともできます。

最大のテーマは、「真実告知」です。

赤ちゃん縁組をするときには、厳しい条文の誓約書にサインをし、「真実告知は必ず行ないます」と約束をしてくださった方の中にも、特別養子縁組の成立後は、里親登録からも抹消して、児童相談所や里親仲間から離れて生活している家族もみえました。

特に新生児で縁組をした方は、告知する勇気がなかなか出ないと聞きます。「今日じゃなくていい」「今、なぜ言わなければならない」「別に言わなくたっていいのでは」などと思いたくなるようです。児童相談所と接点がなくなってしまうと、告知を促《うなが》す機会もなくなってしまいます。

でもそこに、里親サロンがあって、仲間と集まる機会があれば、必然的に「告知」ということが話題になり、「どういう方法がいいか」という相談や情報交換ができます。したくないと思っていても、サロンでたびたびこうした話になれば、「いずれきちんとしなくてはいけない」という気持ちも出てきます。しかし、里親だけに運営をまかせていると、もし「私は告知しなくても大丈夫だったよ」という方がいたとき、どうしてもそちらの意見に流れてしまいがちです。児童相談所の考え方をきちんと伝えなければなりません。

委託後も気軽に集まり話ができる里親サロンは、里親や養親のアフターケアの場として、とても大きな役割を果たしていると思います。

豊田で里親サロンが活発だという話が広まり、他の地域からも担当者が見学に来るようになりました。愛知県内のほとんどの児童相談所で、里親サロンが開かれるようになり、現在も続いています。

愛知県内の里親は、どの児童相談所のサロンにでも自由に参加しています。「今週は何曜日に豊田のサロンがあるから、知り合いがいるから行ってみよう」と、里親同士の交流が活発になりますし、そんな里親同士のつながりが、児童相談所の管轄を超えて広がることで、お互いに力になれることが増えているように思います。

児童相談所の職員と里親との間の垣根も低くなったように思います。たとえば職員が、ある里親に、「預けたいお子さんがいるので事前にお話をしたい」というときには、里親サロンでまず声をかけることができます。

里親サロンが開かれる前は、里親は担当の職員は知っていても、その他の職員とは接点がなかったのです。職員にとっては、「この地域にどんな里親がいるか」ということがわかる。里親側も、担当以外の職員とも直接会話したり、児童相談所がどんな仕事をしているのか理解できるようになったと思います。

たまには、子どもを緊急で一時保護してきたときに、職員から、「このお子さん、里親サロンの託児でちょっと預かって」とお願いすることもありました。職員が一時保護施設を手配するためにあちこちに連絡している様子を見て、里親の中から「1週間くらいはうちで預かってもいいですよ」と声をかけてくれる人が出てくるなど、里親と児童相談所の職員の協力関係が進むという効果もありました。

「里親サロン」は、職員や里親はもちろんのこと、周囲の福祉関係者をつなぐ「場」として続いています。愛知県で赤ちゃん縁組が広まるうえで、大きな役割を果たしていることは確かです。

参加者、感動の「委託式」

愛知県のほとんどの児童相談所では、里親委託や、養子縁組前提で里親委託をしたときに、「委託式」というお祝い会を開催しています。里親サロンの中で、「新生児を委託したときに、サロン開催日に委託式をしてはどうか」という話が出たのがきっかけでした。

それまでは、委託式といっても、所長室で、里親夫婦と担当児童福祉司だけで、事務的に行なわれていました。でも、もっと多くの方に参加してもらって、お祝い会のようにしたいという話になり、里親サロンで里親さんが中心になって行なうことになったのです。

委託式が行なわれるのは、産まれたばかりの赤ちゃんを迎えた家族の場合は、赤ちゃんと一緒に生活を始めてから1カ月くらい経った頃。ちょうど1カ月健診で初めてお出かけする時期です。委託式には、里親夫婦と赤ちゃん、担当職員はもちろん、児童相談所の他の職員、そして所長は、赤ちゃん側の所長と養親側の所長の両方に出席してもらいます。日頃から里親サロンに集まってくださる里親さんや、これから里親になりたいという方、産院の助産師さんや看護師さん、市の関係者にも声をかけて、いろんな方に集まっていただきます。

「赤ちゃんをお迎えになって、本当におめでとうございます」「赤ちゃんを責任をもって、一生懸命育ててくださいね」といったような言葉でお祝いをいたします。そして、参加してくださった全員から、一言ずつお祝いの言葉をいただきます。そうすると、胸に込み上げてくるものがあるのか、自分の番になると、目にいっぱい涙を溜《た》めて、「おめでとう」と言う方もいます。若い独身の女性職員が、「私も早くお母さんになりたいです」と言って和《なご》やかな笑いが起きたり、先輩の里親は、ご自分が初めて子どもを迎えたときのことを思い出して、ポロポロと泣きながらお祝いのメッセージを語ってくれます。児童相談所の所長は、日頃から虐待対応で険しい表情をしている方も、このときばかりは表情を緩《ゆる》めて、涙ぐんだりします。

私は退職後も時々、委託式に参加させていただいています。毎回ですが、委託式の中心にいる、小さな赤ちゃんの偉大な存在感に胸を打たれます。そして児童相談所の一室が、とても神聖な空間と化すのです。宗教的なものはまったくありませんが、集まった人たちの「命」への敬虔《けいけん》な気持ちが伝わってきます。「この仕事に関わっていて良かった」と心から思える瞬間です。

「赤ちゃん縁組」は仕事へのエネルギー源

委託式に参加した若い職員からは、「新しい家族を作るという、プラスの仕事に関わることができるんですね」という実感のこもった言葉をもらったことがあります。私もまったく同感です。

子どもの非行や虐待、それにつながる家族の別離・崩壊という、現代社会の中の重くて暗い部分と向き合わなくてはならないのが、児童相談所の仕事です。虐待などの問題で分離した家族を、また元の状態に戻すまでサポートすることが大切な役割です。家族の再統合に、喜びややりがいを感じることはできます。しかし、率直にいえば、手放しで喜べないケースが多く、一抹《いちまつ》の不安を抱えつつ、見守っています。

その中で、唯一といってもいいでしょう。赤ちゃん縁組は、手放しで喜べる仕事なのです。もちろん、丁寧なケースワークが必要ですから手間はかかります。しかし、特別に難しいケースワークではありませんし、それに見合う達成感、それ以上の感動があります。手放しといっても、また、委託式を終えたからといっても、児童相談所としての仕事はそこで終わるわけではなく、養子縁組が成立するまで、そして成立してからも、その後のケアは必要です。定期的にサポートができる仕組みづくりをしていくことも重要です。

さまざまな児童相談所の業務をこなしつつ、感動的な委託式を経験すると、「赤ちゃん縁組はやめられない」という気持ちになります。児童相談所で赤ちゃん縁組に積極的な職員が増えていることが、私にとって大きな喜びです。

いつでもどこでも里親

平成15年くらいから、東三河児童相談所などで里親担当をしている柴田千香《しばたちか》さん。彼女は児童相談所に関わり始めて10年以上経ちますが、ずーっと非正規職員として働いています。私は「正規の職員になっては?」と県職員の採用試験受験をすすめましたが、「正規の職員

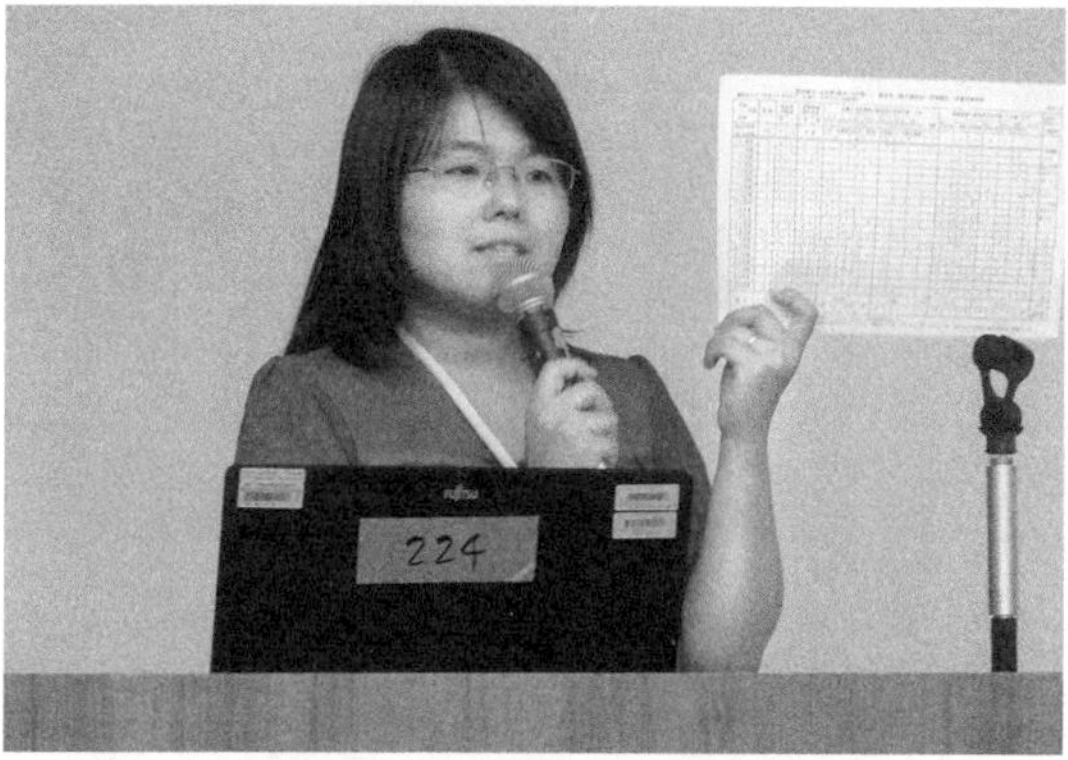

子ども虐待防止世界会議（名古屋、2014年）において発表する柴田千香さん

になると、里親委託以外の仕事もしなくてはならなくなるので、非正規のままでいいです」という答えが返ってきました。たしかに、正規の職員は、社会福祉職で採用されても児童相談所の勤務になるとは限りません。児童相談所勤務となっても、職員は虐待対応に追われています。

彼女は学生時代、愛知教育大の社会福祉専門のコースで学び、実習で児童養護施設に行ったとき、抱っこを求めて次から次へと集まってくる子どもたちに出会ったそうです。しかし、その子たち全員を満足するまで抱っこしてあげることは、とてもできない。そのことがとても辛かったと言います。

その後、里親制度のことを知り、まだ独り身なのに「里親になろう」と決意。「独身では里親になるのは難しい」と聞くと、ご両親を説得して里親登録をしてもらい、養護施設から2人の子どもを家庭へ迎えたのです。その後さらに順に2人を引き取り、現在は両親と4人の里子に、結婚された千香さんの夫さんも加わり、大家族で生活されています。里親登録された彼女のお母さんは、愛知県の里親会連合会の会長としてご活躍中です。

千香さんは、児童相談所では週4日を里親委託推進員として勤め、また空いた日には里親サロンコーディネーターを引き受け、家に帰れば里子たちと生活を共にする。まさに24時間365日、里親に関わっています。当然、里親さんからの信頼も厚く、今や愛知県の里親委託推進、そして赤ちゃん縁組を広めるために、なくてはならない職員です。

みんながやりたがる里親の仕事

柴田さんは、里親委託に専念したいという理由で非正規職員を選択しています。里親委託を推進し、赤ちゃん縁組を広めるためにはありがたいことですが、やはり正規職員の中に専任者が必要だと思います。

雑談で、ある児童相談所の所長に、里親業務の専任者が必要だと話すと、「そうするとみんなが里親の担当を希望し、虐待対応の職員がいなくなって困る」と冗談まじりに答えました。

里親担当をやりたがる……、嬉しいことではないでしょうか。職員がやりたがる里親の仕事を増やせば、赤ちゃん、子どもたちが幸せになれる可能性が格段に高まります。社会的養護が必要な子どもが家庭、家族を持つことができます。そして、職員たちもますます仕事にやりがいを持つことができます。私は、赤ちゃん縁組を続けてきたからこそ、苦労の多い児童相談所の仕事を、へこたれずに続けることができました。こんな気持ちにさせてくれた赤ちゃんたちには、感謝の気持ちでいっぱいです。

生物学上の親とは離れてしまう運命は、赤ちゃんにとっては残念なことです。しかし、赤ちゃん縁組で新しく育ての親と出会いのあった赤ちゃんの幸せを、赤ちゃん縁組に関わった行政の職員や医療関係者が願っています。予期しない妊娠がわかり、出産を間近に悩み疲れた女性は、児童相談所で、「育てたいとおっしゃってくれる方を探します。安心して産んでください」と言われると、ほっとして涙を流します。「乳児院に入れる」ことしか決まっていなかったら、辛い暗い気持ちのままで、陣痛に耐えなくてはなりません。「赤ちゃんを喜んで迎えてくれる人がいる」というだけで、妊婦さんも陣痛の辛さに耐えることができるような気がします。産まれるのを待っていてくれる人がいるというのは、赤ちゃんにとってとてもいいことだと思います。

予期しない妊娠で、しかも育てられないとなると、産みの女性は責められますが、悩み苦しみ、しかるべきところに相談して、赤ちゃんを養子縁組につなぐことは、「命」を大切に思っているからこそできることです。「産んでも育てられないときには、相談してほしい」と、声を大にして言いたいです。

赤ちゃん縁組・里親委託を進めるために

児童相談所の職員が、赤ちゃん縁組、里親委託の仕事をより多く手がけられるようになるためには、まずは、今の児童相談所の多大な業務に見合う人員配置が急務だと思います。厚生労働省からは、何年も前から「家庭養護を推進する」という方針は出ていますが、児童相談所に専門の職員を配置したり、児童相談所職員への研修や専門性向上をはかるための予算はなかなか増えていません。

児童福祉司はたしかに増えています。平成17年（2005年）に児童福祉法施行令が改正され、人口約10万〜13万人に一人だった児童福祉司が、5万〜8万人に一人となり、現在は4万〜7万人に一人という割合になっています。

愛知県全体でも、平成12年頃までは40名ほどだった児童福祉司ですが、今はその倍以上の

100人を超えるほどに増えています。しかし、それでも児童虐待の相談件数は、全国で年間に7万3765件（2013年度）も起きており、23年連続で増え続けています。このような状況に、児童福祉司を増員しても追いついていないのです。

児童相談所に緊急の虐待通報が入ると、二人以上の職員で現場に駆けつけます。現場での対応、親から事情を聴く、子どもを移送するなど、対応が夜間まで及ぶことも多く、対応する人数も二人では済まず、最低4人くらいで動かざるを得ません。他の業務をしようとしていた職員も駆り出すことになります。虐待対応が優先されるので、自分のスケジュールで動くことがなかなかできません。

愛知県でも里親担当者は専任ではありません。里親の仕事だけやるというわけにはいきませんから、他の急ぎの仕事があれば、どうしても後回しになります。年に数回の里親担当者会議が行なわれるときでさえ、「対応に一刻を争うような虐待対応に向かわなくてはならない」という理由で、出席できない事態も起きています。ですから、児童相談所の業務を、虐待対応、障がい児の支援、里親、その他の部門に分け、それぞれ相当の人員を配置することが必要だと思います。

また、児童相談所の職員が2、3年で異動したり、まったく違う部署の仕事につくような人事のシステムも、見直すべきだと思います。経験を積み重ね、専門性の向上をはかることが難しくなるからです。

私は、里親家庭や、特別養子縁組をした家庭に対しても、同じ人ができるだけ長くサポートを続けることがいいと思っています。養子縁組が済んだ里親や養親から、「何かあればこの人に相談しよう」と思ってもらえるような存在に、つまり、養親さんたちの「親」ともいうべき存在になることが必要ではないかと思います。

私は、平成2年から平成23年3月に退職するまで、勤務先は変わりましたが、児童相談所に長く勤めることができました。おかげで、養子縁組で関わりを持った里親、養親たちとのつながりを保つことができました。

ある養親さんから、「もしこの子が、思春期に何かあったとき、相談にのってくれますか」と言われたことがあります。私は「はい。どこかの児童相談所で仕事をしていると思います」と応えました。それから20年が経ち、その子はすでに社会人になっています。「いざというとき、あの人に相談しよう」という人がいることは、養親さんの安心感につながると思います。

私自身も、里親のことで迷うとき、今でも矢満田さんに助言をいただいています。こうして同じ地域で、長く取り組みを続けていけば、赤ちゃん縁組、里親委託が少しずつ根を張り、広がっていくと思います。

「社会的養護」と「代替養育」「特別養子縁組」

日本で家庭養護がなぜ広まらないのか、仲間うちで話し合ったときに、「社会的養護」という言葉がふさわしくないのではないかという話になりました。

欧米諸国では、親が育てられない子どもの養育については、「out-of-home care」と表現しています。これは「代替養育」「親代わり」という意味の言葉として伝わります。

しかし、日本では「社会的養護」という言葉が使われているために、「社会みんなで子どもの面倒をみる＝複数の大人が施設で大ぜいの子を育てる」と受け止められ、「施設養育がほとんど」という状況が続いているのかもしれません。「代替養育」であれば、親代わりの養育ですから、「養子縁組か、里親か」になるのではないでしょうか。

厚生労働省は、社会的養護の今後のあり方として、施設養護から家庭養護の割合を増やしていく方針を出しました。家庭養護を増やすことは歓迎すべきことですが、私は家庭養護の中でも、法律的に親子関係を作る養子縁組を優先すべきと考えています。

養子縁組は民法に定められています。昭和63年に施行された特別養子縁組は、民法第817条の7で「父母による養子となる者の監護が著《いちじる》しく困難又は不適当であることその他特別の事情がある場合において、子の利益のため特に必要があると認めるときに、これを成立させるものとする」としています。

一方、児童福祉法では「保護者のいない児童又は保護者に監護させることが不適当であると認められる児童を要保護児童という」としています。乳児院、児童養護施設に入所中の児童や、里親委託されている児童は、要保護児童です。要保護児童の中で、「父母による監護が著しく困難又は不適当であることその他特別の事情がある場合」、特別養子縁組前提の里親委託が選択されてしかるべきと思います。

養子縁組（＝わが子が欲しい、自分たちの子として育てたい）を希望することは、一見、子どもを私物化することのように見えますが、要保護児童を実子として責任を持って育てていただくことは、正真正銘の社会的養護です。一生涯を通じて子どもと絆を作り、親としての責任が大きい分、社会貢献度は高いと考えてもいいと思います。

子育ては楽しい、いい時期ばかりではありません。法律的に親子になっていることで、思春期の大変な時期を乗り越えることができるかもしれません。子どもにとっては、強く望まれて我が子として迎えられ、一生つながり続けてくれる存在が望ましいと思います。

「親」という存在がなぜ必要か

児童養護施設の子どもたちの高校進学率も高くなってきましたが、高校に進学せずに15歳で社会に出る子もいます。また、高校に進学しても中退して、施設を出ていく子もいます。15～16歳という年齢で、住むところ、仕事のことなど、なにもかも一人で考えていかなくてはなりません。

私自身の10代の頃を振り返ってみると、とてもそんなことはできなかっただろうと思います。高校生の頃、私は親元から離れ、下宿をしていましたが、親の仕送りがありました。学校の成績に一喜一憂し、友人と戯《たわむ》れていました。いろいろ気遣って連絡してくる親を、うっとうしがっていました。

社会人になっても、連絡するのは自分の気が向いたときだけ。「別に用はないんだけど」なんて言いながら、実家に電話をかけていました。何気ない話をしているうちに、結局説教をされたりして、腹を立てて電話を切り、しばらく連絡をしない、なんていうことがしょっちゅうありました。それでも、切れずにつながっているのが親子の間柄です。「親子の絆」

という言葉を使うのは少々気恥ずかしいですが、切れないつながりがあることが、安心感の源かもしれません。

多くの人にとって、親の存在は当たり前のものですから、親の存在なしの自分自身を想像することは難しいように思います。私たちは、自分の意思でこの世に産まれてきたわけではありません。また、自分自身の存在について、確固たるものを持っているわけでもありません。命を与えた「親」という存在がないと、この世に人として産まれて良かったと実感することが難しいのではないでしょうか。自分が人生の主役であるという自己肯定感を持ち、自立して生きていけるようになるためには、すべての子どもに、「交代で世話をする人」ではなく、「親」「家族」が必要だと思います。産んだ人が親としての責任を果たせないのなら、その人に代わる恒久的、かつ安心安全な親を与える必要があります。

産みの親との縁が薄かった子どもに、親に代わる存在、恒久的な家庭を与えることに、児童相談所はもっと力を注いでほしいと思います。里親制度を活用して、赤ちゃん縁組につないでほしいと思います。

厚生労働省も推奨する「赤ちゃん縁組」が、なぜ広まらないのか

　平成23年3月、厚生労働省は「里親委託ガイドライン」を定めて、児童相談所を設置している自治体に通知しました。その中で、特別養子縁組を前提とした新生児の里親委託の留意点として、「未婚、若年出産など望まない妊娠（筆者としては予期せぬ妊娠、意図しない妊娠としたい）による出産で養育できない、養育しないという保護者の意向が明確な場合には、妊娠中からの相談や出産直後の相談に応じ、出産した病院から直接里親の家庭へ委託する特別養子縁組を前提とした委託の方法が有用である」と述べています。さらに参考資料として「新生児里親委託の実際例について（愛知県における取り組み例）」を添付しています。

　また、毎年3月に、「社会的養護の現状について」が発表され、その中には新生児等の新規措置の措置先（都道府県市別）の統計数字があります。年齢を、1カ月未満の0歳児（すなわち新生児）、1カ月以上の0歳児、1歳以上2歳未満に区分けし、親が育てられない、あるいは親に育てさせることが不適切な場合、乳児院に入れているのか、里親に委託しているのか、数字を出しています。

　平成24年度中に乳児院に入った赤ちゃんは、1737人、里親へ託されたのは296人です。1カ月未満の赤ちゃんは、乳児院に410人、里親へ60人です。ここでも、「新生児等

の新規措置の場合に、乳児院への措置の割合が著しく高い自治体が多い。新生児等からの里親委託の取組が必要」と記載されています。

こうして見ると厚生労働省は、新生児についても里親委託、とりわけ親の意向がはっきりしている場合は特別養子縁組前提の里親委託を推奨しています。それでもまだ、目に見えて赤ちゃん縁組が広まらないのは、厚生労働省の通知があくまでも「技術的な助言」としての通知だからだと思います。「技術的な助言」ですから、それぞれの児童相談所は従来のやり方で対応します。厚生労働省の強力な指導、それに伴う人員や予算はない状況ですから、全国の児童相談所に広まるのは時間がかかりそうです。

家庭養護を本格的に進めるためには、人や予算を投入することが必要です。子どもたちが恒久的な家庭で育ち、安定した人生を歩むことができれば、やがてしっかりと税金を納める社会人へと成長するはずです。いつ、どこでお金を使うのか、大局的な視点で見ていくことが必要だと思います。

でも、今でもできることがあります。愛知県内の児童相談所での「特別養子縁組前提の新生児里親委託の取り組み」は、現在の制度の中で、特段の人員・予算がない中で、30年以上続いています。

全国の児童相談所で、最初の一歩を踏み出してほしい

愛知県の児童相談所には、他県から養子縁組前提の里親委託を望む方も訪ねてこられます。児童相談所に勤務していた頃、ある県で里親登録をしたご夫婦から、「なかなか縁組の連絡が来ないのです」と相談がありました。この方は、愛知県の児童相談所の里親サロンに参加するようになり、そこからのご縁で、一人目のお子さん（新生児）を愛知県の児童相談所から特別養子縁組前提で迎えました。

特別養子縁組が成立して、その子が2歳を過ぎた頃、その里親から、「二人目も新生児を迎えたい」という申し出がありました。私は「次は地元の児童相談所に働きかけて、地元の赤ちゃんを迎えてください。無条件で子どもを受け入れたいというあなた方がお願いすれば、動いてくれるはずです」と伝えました。私が直接、他の地域の児童相談所に口出しすることはしづらいですが、実績のある養親さんからの直接の依頼であれば、動いてくれると思ったからです。

里親の願い通り、二人目のお子さんとして新生児を、地元の児童相談所を通じて迎えることができました。他にも同様のいきさつで、一人目を愛知県の児童相談所から、二人目は地

元の児童相談所から迎えた里親がいらっしゃいます。

児童相談所の職員の自主的な研究会として、「全国児童相談所問題研究会」があります。数年前に、「愛知方式・赤ちゃん縁組」の分科会を設けてくれました。会場は小さい和室で、参加者も少数でしたが、そのときに参加してくれた和歌山県の職員は、「予期せぬ妊娠で困っている女性から相談を受けている」という渦中《かちゅう》にある方でした。彼は分科会で得た情報を相談所内で共有し、その児童相談所で初めての「新生児の里親委託」をしたそうです。

産まれたばかりの赤ちゃんを里親へ委託する……、里親はもちろん、児童相談所職員、病院職員も感動したそうです。それ以来、予期しない妊娠で産みの親が育てられない出産があると、「新生児の里親委託」を行なっているそうです。最初の一歩をどう踏み出すかが課題といえます。全国の児童相談所がこの最初の一歩を踏み出せるように、応援をしたいと思います。

平成24年（2012年）、CAPNAで全国の児童相談所向けに、「赤ちゃん縁組実践交流セミナー」を開催し、愛知県児童相談所の「新生児の里親委託の取り組み」を伝えました。その後、愛知県の児童相談所の里親担当に問い合わせや、実際に赤ちゃん縁組を行なったという報告が届いているそうです。

親の虐待で死亡する子どもが後を絶ちませんが、死亡している子どもの年齢でもっとも多いのは、0歳児、中でも生まれてすぐの嬰児、新生児です。生まれたばかりでまだ名前もない赤ちゃんが遺棄され亡くなっても、マスコミに大きく取り上げられることはありません。児童相談所や関係機関が責任を追及されることもありません。

虐待の死亡事例をなくす、減少させるためには、「予期しない妊娠で、出産後、育てる見通しがない」方が、児童相談所や関係機関につながる方策が必要です。児童相談所に出産前から相談できることがわかれば（知られるようになれば）、「予期しない妊娠、産んでも育てることができない」相談が、関係機関や妊娠中の女性、家族から、ひそかに入ってくるでしょう。

虐待の予防、未然防止には、妊娠中からの切れ目ない支援が重要とされています。その支援の一つに「新生児の里親委託」があると思います。「赤ちゃん縁組」の取り組みは、0カ月児の死亡を少なくすることにつながると確信しています。

「子ども虐待防止世界会議　名古屋　２０１４」にて

近年、マスコミで特別養子縁組が取り上げられることが増え、一般の方の関心も出てきました。新聞やテレビの取材も増え、特別養子縁組を扱ったドキュメンタリーやドラマも、中京地区を中心に放送されるようにもなりました。中京地区以外でも、2009年にNHK熊本放送局が、熊本・慈恵病院の「こうのとりのゆりかご」に関連して愛知県の児童相談所の取り組みを紹介してくださり、その後『おはよう日本』でも紹介されました。そして2013年に、この愛知県の赤ちゃん縁組をじっくりと取材し、活動を紹介する番組を作ってくださった、NHK名古屋放送局（当時）の山本恵子さんが、誕生学協会の大葉ナナコさんへ伝えてくださり、それがきっかけで日本財団と共催で特別養子縁組のシンポジウムを開催するに至りました。この日本財団のシンポジウムは回を重ねて、とても有益な情報を発信してくださっています。

2014年の9月には、「子ども虐待防止世界会議　名古屋」が開催されましたが、私もこの中で、「乳児の遺棄・虐待死予防としての養子縁組――多機関の取り組みとネットワーク」というテーマでシンポジウムを企画しました。

愛知県の児童相談所の取り組みは、元祖・矢満田さんと、もう一人、里親委託推進員として赤ちゃん縁組に取り組んでいる、現役の柴田千香さんの発表。そして、「熊本・慈恵病院」の相談役の田尻由貴子さん、「あんしん母と子の産婦人科連絡協議会」を発足させた「さめじまボンディングクリニック」の鮫島《さめじま》かをるさん、全国養子縁組団体協議会の白井千晶さん、さらに指定討論ということで、読売新聞東京本社調査研究本部の榊原智子《さかきばらのりこ》さんにコメントをいただきました。

豊富な現場のご経験をお持ちのみなさんからは、それぞれに素晴らしい発表をいただきました。田尻さんは、赤ちゃんの置き去りや虐待を防止していくために、妊娠中からの女性の相談にのることの大切さ、その仕組みを作っていくことの必要性を強く訴えていました。現在、相談が寄せられている事例の中には、中学生からの「妊娠しています。こわいです。どうしていいのかわかりません」というような、喫緊《きっきん》かつ深刻なものが少なくないことも示されました。また、希望につながる報告としては、妊娠葛藤相談に親身になることで、最終的に自分で育てると決心する方も、かなりの数いらっしゃるということでした。

「あんしん母と子の産婦人科連絡協議会」の鮫島さんからは、全国の児童相談所と連携をして、特別養子縁組が何件か成立したといううれしい報告もありました。

指定討論者の読売新聞の榊原さんからは、日本の児童福祉行政が、1947年に児童福祉法ができてから半世紀以上の歴史がありながら、基本的部分がほとんど改善されずにきたという話がありました。また、ここ数年の大きな動きについてご指摘がありました。数年前に

「タイガーマスクを名乗る人物が、児童養護施設にランドセルを届けた」というニュースが広まったことがありましたが、このとき、児童養護施設で生活している子どもについて関心が集まり、これまで閉ざされていた「社会的養護」への関心の扉が開き始めました。2011年3月に、厚生労働省は「里親委託ガイドライン」を出し、同年7月には「社会的養護の課題と将来像」を発表、これからの社会的養護の目指すべき方向を示しました。榊原さんがおっしゃるように、ここ数年のうねりは大きかったと思います。

その背景には、当時の厚生労働省の家庭福祉課長（後述）が、社会的養護について大変に熱心で、改革のエネルギーをお持ちだったということ。そして、当時の厚生労働大臣（小宮山洋子氏）が、この施策を全面的にバックアップしたことがあり、それらが追い風になったと榊原さんは指摘しておられました。

ガイドラインに載った愛知方式――これからへの一歩に

このようなうねりの中でも、特に感慨深かったのが、厚生労働省が出した「里親委託ガイドライン」で、愛知方式が紹介されたことです。それは私が児童相談所に勤めた最後の年度のことでした。毎年開催される「全国里親大会」が、その年は奈良県天理市で開催され、翌年は愛知県での開催でしたので、来年度の開催県としての挨拶も予定されていましたので、他の県職員とともに懇親会に参加しました。

その席に、先述した厚生労働省家庭福祉課の高橋俊之課長（当時）がみえました。私は高橋課長に「愛知県で行なっている特別養子縁組の取り組みです」と、資料に加えてそれまでに取材され掲載された新聞記事や、専門書に寄稿した原稿などをお渡ししました。

一般的には、こうした席での資料提供などは、受け流されることも多いものですが、このときは違いました。数日後、愛知県の児童課に高橋課長から「愛知県の取り組みについて詳しくレポートしてほしい」という連絡があり、それを受けて私はさっそく、これまで取り組んできた内容を書面にまとめお送りしたのです。

それが２０１０年の10月頃のことで、その年度末の３月30日付けで厚生労働省から通知された「里親委託ガイドライン」には、具体的な実際例として愛知方式の取り組み例が掲載され、愛知方式を全国の児童相談所に知らせていただくことができました。私は退職した４月にその通達を見て、「本当に載せてくれた」と胸がいっぱいになりました。

しかし、先述した通り、強制力のない技術的な助言ですから、これによって赤ちゃん縁組が急増したわけではありませんが、これからへ向けての大きな一歩だったと思います。

そして今回の「子ども虐待防止世界会議」では、多くの魅力的なプログラムが開催された中、「赤ちゃん縁組」のシンポジウムにも多数の方々にご参加いただき、反響を得ることができました。私自身も、これまで取り組んできたことのまとめを適切な形でお伝えすることができたという貴重な機会でした。

赤ちゃん縁組、今後の課題

最後に、これからの課題を考えたいと思います。

今の日本における赤ちゃん縁組は、民間のあっせん団体の方が中心となって行なわれています。平成26年5月現在で、15団体が届け出をしています。

民間団体の運営方法については、各団体にまかされている部分が大きいですが、これからは民間団体を監督する公的な機関が必要ではないかと思います。社会的養護の一環として役割を果たしていますので、経費などについても早急にサポートが必要だと思います。

特別養子縁組が成立した場合、出身家族、養子縁組先の記録などの情報管理の仕方も考えていく必要があります。子どもには「出自を知る権利」がありますので、こうした権利を保障するうえでも、情報の保管は大切です。

公的機関である児童相談所には、相談に来た子どもたちの記録はありますが、特別養子縁組となった子どもの記録も、全国統一的に行ない、整備していく必要があるでしょう。

さらに特別養子縁組について、多くの市民に知っていただくことも課題です。

夫婦が特別養子として子どもを迎えた家族は、日本の社会ではまだまだ少数派です。しかし、古くは家系存続のための養子縁組も決して少なくはなかったはずです。養子縁組家族も、普通の家族として受け入れられていく社会にしたいものです。養子縁組で迎えられる子どもの存在を知っていただき、偏見をなくしていただくことが、一人でも多くの子どもが家庭、家族を持つことにつながると思います。

「家族」は、確かに血のつながりがあった方が、わかり易いし、説明もしやすいでしょう。しかし家族の機能はいろいろです。生活を維持する、精神的・経済的な支えとなる、安らぎを得る場、乳幼児や高齢者の面倒をみるというような、家族の機能を考えたとき、必ずしも血のつながりが必要ではないと思います。私は児童相談所で虐待やネグレクトなど、家族の機能不全を目の当たりにしてきましたので、なおさらその思いが強くあります。

家族には、血のつながりを超えたもっと大切なものがあります。「家族にとって何が一番大切か」ということを考えていくとき、特別養子縁組で誕生した家族から学ぶことは多いでしょう。

赤ちゃん縁組が、これからの児童相談所の重要な役割の一つとして認識され、一つでも多くの児童相談所が取り組むようになることを、切に願っています。

著者近影。今も社会的養護下の子どものために駆け回る

あとがき

矢満田篤二

私は、80歳、余命はもう長くないでしょう。その間に、「産みの親と縁が薄いすべての子どもたち」に、どのように「家族」と「家庭」を保障するのか、以下の提言を書き遺《のこ》します。長年抱えていた方策（案）です。

1　公的親権制度の法制化
育てない親の親権は、迅速に公的親権に移行し、子どもの養子縁組が適切に行なえる制度を確立すること。

2　「新生児匿名安全保護法」の制定
米国の州法に倣《なら》い、生後3日（72時間）以内の新生児は、生母の希望に添い匿名で受け取り、養子縁組につなぐこと。ただし、親の情報は極秘に保存管理し、規定年月の経過後は、子が検索できる権利を保障する。これは慈恵病院の蓮田医師の思いにも通じるものです。

3 全児童相談所業務に対する査察・改善勧告体制の整備

パーマネンシー処遇策の徹底を検証する第三者専門機関を設けて、安易な乳児院措置の実態を改善させ、虐待防止の強制権限を付与した組織を、司法と連動させて新設すること。

4 「乳児院」「児童養護施設」の見直し

子どもの集団保護生活は、個別の発達保障の弊害となるため、抜本的な改善策が必要。

このたびの新書の発行は、NHKの山本恵子さんをはじめ、女性ジャーナリストの皆さんからのお声がけから始まり、よもやと思っていたことが実現しました。

特に根気よく、私と萬屋さんの話に耳を傾けて、文字化する道を開いてくださった、編集者の草薙麻友子さんと構成の林口ユキさんのお二人には、頭を下げっぱなしです。

私たちから、皆さんに何のお返しもできませんが、本書が契機となって、乳児院入り運命の赤ちゃんたちに、「パパ、ママ」と呼びかけできる家庭が与えられたら、きっと、その子たちが代わって感謝してくださるにちがいありません。本当にありがとうございました。

里親委託・年度別集計表

（単位：人）

日齢・日目			里親家庭へ新生児を引き取った日齢・日目							里親が命名した児童数
	26〜30日目	不明	0〜5日目	6〜10日目	11〜15日目	16〜20日目	21〜25日目	26〜30日目	31日〜	
			3	9	1	2	1			未調査（参考）出生届期限内に対面しているケースのほとんどは里親が名付け親である
		1	1	3	1			1		
				4		1				
				1	2					
		1		3		1				
				2	1					
				3		2				
				6	1	1	1	1		
			2	4	2					
			2	4		1	1		1	
			1	4	2	1				
			1	3	4	1	1	1		
			1	3		1	1		1	7
			1	4		1	3		3	12
			3	4	1	1			1	9
	1		2	1	3			1	1	7
			5	2						7
			2	3	1	1	1			7
			2	2	3	2				8
			7	3	1				1	12
			3	2	2	2		2	1	9
		1.2%	75.7%			24.3%				78人
	1	2	36	70	25	18	9	6	9	82人中 95.1（%）

特別養子縁組認容状況：総計・173件中：特別養子縁組認容＝160件、準備中＝２件、申立中＝７件、却下＝１件、民法改正(昭和62.)前の普通養子縁組＝３件

[巻末資料]愛知県分（名古屋〈政令〉市を除く）新生児（養子縁組型）

集計年月日＝平成26年3月31日現在　9月9日・注記補正

昭和～平成 年度	総数	新生児の性別		出産前相談の対応		里親と初対面時の新生児の生後					
		男	女	有	無	0日目	1～5日目	6～10日目	11～15日目	16～20日目	21～25日目
（昭）57年度～（平）5年度	16	4	12	不詳		（注）未調査のため、家庭へ引き取った日齢を適用					
						3		9	1	2	1
6年度	6	2	4	3	3		3	2			
7年度	5	2	3	3	2		2	2	1		
8年度	3	2	1	1	2		1		2		
9年度	4	3	1	1	3		2	1			
10年度	3	1	2	2	1		1	2			
11年度	5	5	0	2	3	1	3	1			
12年度	10	5	5	6	4	3	7				
13年度	8	6	2	6	2	1	7				
14年度	9	3	6	6	3	3	5	1			
15年度	8	1	7	4	4	2	4	2			
16年度	11	1	10	6	5		7	2	2		
17年度	7	2	5	5	2	1	2	3		1	
18年度	12	8	4	9	3		5	4	1	1	1
19年度	10	8	2	10	0	3	7				
20年度	8	4	4	6	2	2	1	4			
21年度	7	6	1	6	1	3	4				
22年度	8	2	6	7	1	1	6	1			
23年度	9	5	4	7	2	0	4	4	1		
24年度	12	7	5	11	1	4	7	1			
25年度	12	8	4	10	2	1	7	1	1		2
総数	173	85	88	不詳16		93.6%				5.2%	
				111	46	25	88	40	9	4	4

注記：新生児は生後４週間未満の乳児で、生後日齢の０日目は、生後24時間未満を表します。

「赤ちゃん縁組」が問いかけるもの

NHK名古屋放送局　報道番組ディレクター　野林　亮

「これは何としても番組にしたい。しなくてはならない」

２０１２年９月の土曜日。山本恵子記者が主宰する女性ジャーナリストの会が開いた矢満田篤二さんの講演会で、何かに突き動かされるような気持ちになったのを覚えています。

職業柄、常に番組のテーマを探していますが、「番組にできる」と思うことはあっても、「番組にしなくてはならない」と思うことはめったにありません。それだけ、矢満田さんの語る「赤ちゃん縁組」の仕組みは新鮮な驚きでした。何より、前例を打ち破り、上司の言うことを聞かず、信じる道を進んできた矢満田さんの「不良公務員」ぶりに強く惹《ひ》かれました。

公務員というと、「前例主義」「事なかれ」「形式主義」に染まった「お役所仕事」をイメージしますが、矢満田さんは違います。いきなり、「児童福祉司は、子どものためになることで法律で禁止されていなければ何でもやっていいんですよ」です。実に明快で、爽快です。

愛知県の児童相談所がすごいのは、自称「愛知県の三悪人のひとり」が始めた赤ちゃん縁組を、一代で絶やさなかったところです。萬屋育子さんは子育てしながら児童相談所長まで昇進し、「異端」の制度だった赤ちゃん縁組を厚労省お墨付きにしてしまいました。現在赤ちゃん縁組を担っている柴田千香さんは、学生時代に里親制度を知って自分の親に里親になってもらい、里親担当を続けるために正規職員にならないという、これまた異色の存在です。

私はこの一風変わったすてきな公務員3人を、秘かに名古屋ゆかりの戦国三英傑になぞらえて、「旧制度を打ち破った織田信長＝矢満田さん、天下統一した豊臣秀吉＝萬屋さん、泰平の世をつくった徳川家康＝柴田さん」と呼んでいます。3人の個性は様々ですが、共通しているのは、「赤ちゃん縁組はあくまでも子どものためのもの」という基本精神です。

ところで、女性ジャーナリストの会の講演に男性の私が呼ばれたのは、その直前に児童相談所の密着取材をしていたためです。名古屋市の児童相談所（政令指定都市なので愛知県の児童相談所とは別組織）が、虐待を受けた疑いがある子どもを親から引き離す「一時保護」を専門に扱うために新設した「児童虐待緊急介入班」に、家庭用ビデオを片手に朝から晩まで約1カ月、文字通り密着する取材でした。

その中で気になったケースがありました。ネグレクト（育児放棄）の疑いで乳児を保護した直後から、母親と連絡が取れなくなったのです。乳児院にもまったく会いに来ません。子どもの命を考えれば妥当な一時保護でしたが、その子の将来を考えると複雑な思いでした。若い女性職員の「赤ちゃんがいなくなると、お母さんがお母さんでなくなってしまうんですよね……」というつぶやきが記憶に残りました（この様子は、NHKニュース『おはよう日本』で「密着！　児童虐待〝緊急介入班〟」〔2012年10月23日放送〕として放送されました）。

さらにさかのぼると、私が児童虐待問題に関心を持ったきっかけは、2010年から2011年にかけて、「無縁社会」プロジェクトの一員として、NHKスペシャル「消えた高齢者　〝無縁社会〟の闇」（2010年9月5日放送）、「無縁社会　新たなつながりを求めて」（2011年2月11日放送）の制作に参加したことでした。取材した20～40代の生活保護受給者やホームレスの中に、虐待やネグレクトを受けた経験がある人がとても多かったのです。

虐待による心の傷が、「自分はダメだ」と思い込む、人を信じられない、頼れない、といった問題を引き起こし、それが、失業や生活困難、あるいは離婚、DV、さらに子どもへの再虐待にまでつながっているのではないか。だとすれば、児童虐待問題は多くの社会問題の出発点であり終着点なのではないか。そう感じていました。

実際に赤ちゃん縁組の取材を進めてみると、最初は「特別な人のための特別な制度」と思っていたら、最後には「すべての人に通じる普遍的な意味」に気づかされる、ということの連続でした。

たとえば、赤ちゃんを育ての親に託す場面。愛知県内の産院で、育ての親となる渡辺力《つとむ》さん・智美さん夫婦が、養子縁組することになる赤ちゃんを抱いた瞬間、二人の顔は父と母になりました。「赤ちゃんがいなくなると、お母さんがお母さんでなくなってしまう」という児童相談所職員の嘆きとは逆に、赤ちゃんには人を親にする力があることを知りました。

たとえば、家族と血縁。1年にわたって取材に通った福井県の西畑智秀さん・宏子さん夫婦は、飛果《あすか》さん、拓哉君、時果《ときか》さん、音果《おとか》さんの4人の子どもと、特別養子縁組で親子となりました。子どもたちにもそのことを伝えています。

「夫婦だって血のつながりがないけど家族でしょう」（父・智秀さん）

「一緒に寝て、食べて、笑って。それが家族」（母・宏子さん）

「西畑家が大好き。たぶん僕は最初からここに来る運命だったんだよ」（長男・拓哉君）

家族を家族にするのは、一緒に過ごす時間と互いを思いやる気持ちだと学びました。

たとえば、真実告知。特別養子縁組した親向けの研修会で、講師の萬屋育子さんは、「あなたは私が産んだのではないと伝えるのが真実告知じゃないんです。あなたに会えてよかったという気持ちを一緒に伝えてはじめて意味があるんです」と話しました。その後、親の役と子の役に分かれ、涙を流しながら真実告知のシミュレーションをする親たちの姿に、いったいどれだけの親がここまで真剣に子どもに向き合っているかと、考えさせられました。

たとえば、親試し。愛知県の深谷さん夫婦は、二十数年前に当時2歳の女の子を乳児院から迎え、特別養子縁組で親子になりました。お借りした古い8ミリビデオには、娘さんが母親に激しくかみつく姿が映っていました。うどんの汁に雑巾《ぞうきん》を入れて、「食べて」と言ったこともあるそうです。両親はすべてを受け入れ、1年ほどして親試しは止まったといいます。無償の愛は、人が人として育つための絶対条件なのだと思い至りました。

そして、愛情たっぷりに育てられている子どもたちは、どの子もとってもかわいいのです。その上面白いことに、みんな親に似てくるのです。人ってすごい！　人ってすばらしい！　深刻な社会問題を取材していたはずが、とても幸せな気分になっていました。

こうして、地方発ドキュメンタリー「〝赤ちゃん縁組〟で命を救え」（2013年11月26日放送）で赤ちゃん縁組で結ばれた家族の姿を、クローズアップ現代「〝親子〟になりたいのに～里親・養子縁組の壁～」（2014年1月15日放送）で養子縁組や里親委託が進まない日本の実態を、それぞれ全国に伝えることができました。視聴者の反応も、「涙を流しながら家族で見ました」「実子を育てているが親子について深く考えさせられた」など、自分自身に引き付けてとらえてくださったものが多くありました。

矢満田さんはよく赤ちゃん縁組を「三方良し」の制度と言いますが、取材者にも、放送を見た人にも、「大切な何か」をもたらしてくれる、四方良し、五方良しの制度だと思います。

赤ちゃん縁組は、今、愛知県以外にも広がりつつあります。段取りや手続きもある程度マニュアル化され、「普通の公務員」でも無理なく取り組めるものになってきているようです。しかし、だからと言って、「お役所仕事」にはしてほしくありません。赤ちゃん縁組は、発言権のない赤ちゃんにとってみれば、「この人があなたの親です」と決められることであり、橋渡しをする児童相談所職員は神様にも等しい存在です。

赤ちゃん縁組の「産みの親」である矢満田さんが貫いてきた「すべては子どもの利益のために」という思いを、全国の児童相談所の方々、民間で特別養子縁組に取り組まれている方々、そして有権者であり納税者であり、何より人の子であり人の親である私たちがしっかりと受け止めなくてはと思います。

「赤ちゃん縁組」を全国へ

ＮＨＫ国際放送局　Ｗｏｒｌｄ　Ｎｅｗｓ部　記者　　山本恵子

わたしが「赤ちゃん縁組」を知ったのは、名古屋放送局にいた２０１２年の夏、虐待の取材がきっかけでした。

「生後間もない赤ちゃんが遺体で見つかった」という痛ましい事件が相次ぐなか、産んでも育てられないという女性の相談に妊娠中から応じ、生後すぐに赤ちゃんを里親に託すことで虐待を防ぐという観点から、虐待防止に取り組むＮＰＯが、愛知県の「赤ちゃん縁組」についての説明会を開いたのです。

説明会で話を聞き、「赤ちゃん縁組」は、赤ちゃんの命を救うだけでなく、産みの親を、そして不妊治療をしても授からず、子どもを育てたいと願う夫婦のすべてをハッピーにする、素晴らしい取り組みだと感激しました。

同時に、この取り組みが愛知県以外の児童相談所ではほとんど行われていないことを知り、全国に発信しなくてはと強く思いました。

そのためにはまず、発信する立場のわたしたちが「赤ちゃん縁組」について学ぶ必要がある。私は主宰する女性ジャーナリストの会に、三十数年前から愛知県の児童相談所で赤ちゃん縁組に取り組んできた矢満田さん、矢満田さんの取り組みを引き継ぎ、愛知県のすべての児童相談所で取り組めるようにした萬屋さんを招いて、勉強会を開きました。

山ほどの資料を携えて来てくださった矢満田さんの話は、衝撃的でした。日本では実の親が育てられない赤ちゃんのほとんどは乳児院に預けられ、その後も児童養護施設で暮らすことが多いこと。乳幼児期に特定の大人から愛情を与えられないと「愛着障害」を生じ、里親に託されたあと親を試す行動をしたり、0歳からの育て直しが必要になることなど、知らないことばかりでした。

実際に、3歳になった女の子が、里親の愛情を試す行動を終えたあと、お母さんの膝の上で安心した様子で哺乳瓶でミルクを飲む写真を見て、涙がこみ上げました。子どもは、得られなかった愛情を「赤ちゃんがえり」までして取り戻そうとする。「特定の大人（親）からの愛情は、それほどまで必要なのだ」と、赤ちゃんでの縁組の必要性を実感しました。

また、児童相談所長時代、赤ちゃん縁組を伝えるために取材を受け入れていたという〝英断〟の人、萬屋さんから、「赤ちゃん縁組は、どの児童相談所でも、やろうと思えば取り組める」という言葉を聞き、放送を通じて一人でも多くの人にこの問題を知ってもらい、全国の児童相談所で取り組むようになってほしいとの思いを強くしました。

その後、野林ディレクターとともに取材を始め、児童相談所で行われる里親サロンにも参加させてもらいました。印象的だったのは、赤ちゃん縁組で託された子どもたちがみんな、本当にかわいいことでした。愛情をいっぱいに注がれるとこんなにかわいくなるんだ、愛されると、子どもって輝くんだ、と、赤ちゃん縁組の素晴らしさを実感すると同時に、「もしこの子が愛知県に生まれなかったら、もし赤ちゃん縁組されていなかったら、どうなっていたのだろう……」と思うと、その笑顔がよけい輝いて見えました。

取材を進めるうえでこだわったのは、「実名」「顔出し」で撮影に協力してもらえるご家族を探すことでした。その表情から、赤ちゃん縁組の良さが伝わると思ったからです。1年半の間に5本の短いリポートと3本の番組を放送しましたが、視聴者からは、「幸せそうな様子がその笑顔から伝わった」と反響をいただきました。
また、取材で強く感じたのは、「血がつながっていない子ども」を受け入れ育てる里親の方の「覚悟」でした。実の子を産み育てる親に、どれだけの自覚と覚悟があるのか、自問しました。さらに、印象に残ったのは「夫婦だって血はつながっていない」という言葉。血のつながりが家族を作るのではなく、一緒に過ごす時間が家族の絆を作るのだと実感します。

「赤ちゃん縁組」を全国へ。2012年9月、矢満田さん、萬屋さんの勉強会に参加し、「何とかしなくては」との思いを同じくした女性たちが、その流れを加速させています。テレビや新聞での「赤ちゃん縁組」についての発信のほか、誕生学協会の大葉ナナコさんが次世代社会研究機構の西田陽光《ようこう》さんへとつないでくださり、日本財団に特別養子縁組の普及を目指すプラットフォーム「ハッピーゆりかごプロジェクト」が立ち上がるなど、その輪は広がっています。

最新の「子どもの虐待による死亡事例検証結果」によると、平成24年度に心中以外の虐待で死亡した子どもは51人。そのうち最も多いのは0歳児で、11人が出生から24時間以内に命を落としています。「もし全国の児童相談所が、予期せぬ妊娠に悩む女性たちの相談に乗り、赤ちゃん縁組に取り組んでいたら……」と思わざるを得ません。

矢満田さん、萬屋さんと受け継がれ、厚生労働省も勧める愛知県の「赤ちゃん縁組」が、全国の児童相談所に広がり、一人でも多くの赤ちゃんの命が救われ、そして温かい家庭で育つことができるように、また血のつながりのない親子が、当たり前の家族の一つの形として受け入れられるように、これからもライフワークとして、矢満田さんの言葉を借りれば「もの言えぬ赤ちゃんに代わって」、発信を続けていきたいと思います。

矢満田篤二（やまんたとくじ）

1934年中国東北部（元満州）満州里市生まれ。敗戦1年後、長野県に引き揚げ帰国。'54年、愛知県庁に行政職として就職し、名城大学法学部卒業。'90年、社会福祉士登録。'94年、児童相談所の児童福祉司で定年退職後、日本福祉大学等の非常勤講師。ライフワークは「赤ちゃん縁組」の推進による嬰児殺し防止活動。'96年、名古屋弁護士会から人権賞受賞。

萬屋育子（よろずやいくこ）

1950年鹿児島県徳之島生まれ。元愛知県刈谷児童相談センター長。大学で教育社会学を専攻。'73年、愛知県職員（社会福祉職）となる。退職後の2011年より愛知教育大学教職大学院特任教授。愛知県里親委託推進委員等、数々の社会的養護下の子どもたちのための活動に関わっている。

「赤《あか》ちゃん縁組《えんぐみ》」で虐待死《ぎゃくたいし》をなくす　愛知方式《あいちほうしき》がつないだ命《いのち》

2015年1月20日初版1刷発行

著　者 ―― 矢満田篤二　萬屋育子
発行者 ―― 駒井　稔
装　幀 ―― アラン・チャン
印刷所 ―― 堀内印刷
製本所 ―― 榎本製本
発行所 ―― 株式会社 光文社
東京都文京区音羽1-16-6（〒112-8011）
http://www.kobunsha.com/
電　話 ―― 編集部03（5395）8289　書籍販売部03（5395）8116
業務部03（5395）8125
メール ―― sinsyo@kobunsha.com

ISBN 978-4-334-03838-0

733
外資系コンサルの知的生産術
プロだけが知る「99の心得」
山口周
論理思考やフレームワークなどの「思考の技術」を学んでも、仕事がうまくいかないのはなぜ？　成果を出し続ける人だけが知っている、「知的生産の技術」＝「行動の技術」。
978-4-334-03836-6

734
パリの美術館で美を学ぶ
ルーブルから南仏まで
布施英利
パリ1区からはじめ、郊外、さらに南仏へとつなげる美術館巡りの旅。一度は見たい名画や中世美術、20世紀アート、画家のアトリエまで、何をどう見るか、そのポイントを教える。
978-4-334-03837-3

735
「赤ちゃん縁組」で虐待死をなくす
愛知方式がつないだ命
矢満田篤二　萬屋育子
産みの親が育てられない新生児を家庭につなぐ「赤ちゃん縁組」。生後0日の虐待死や施設養育による愛着障害を防ぐため、30年前に愛知県の一職員が始めた注目の取り組みを紹介。
978-4-334-03838-0

736
金を取る技術
元国税調査官が明かす
大村大次郎
金をすぐに払ってくれそうな人を見極め、貧乏人や情報弱者、儲かっている業界から徹底的に巻き上げる――。〝お上〟の徴税テクニックを知り、ビジネスに役立つヒントを得る。
978-4-334-03839-7

737
病気を治せない医者
現代医学の正体に迫る
岡部哲郎
死ぬまで薬を飲み続けますか？　西洋医学の限界に気づいていますか？　欠陥を抱えた西洋医学を検証しながら代替医療の可能性を探り、「ベストな医療の選択とは何か」を問う。
978-4-334-03840-3